T0198630

Essays zur Gegenwartsästhetik

Reihe herausgegeben von
Moritz Baßler
Münster, Deutschland

Heinz Drügh
Frankfurt am Main, Deutschland

Daniel Hornuff
Kassel, Deutschland

Maren Lickhardt
Innsbruck, Österreich

Die Reihe analysiert aktuelle kulturelle Phänomene in ihrer Ästhetik, Medialisierung und gesellschaftlichen Zirkulation monografisch. Es geht darum zu zeigen, wie gegenwärtiges ästhetisches Erleben unseren Alltag prägt, unser Konsumverhalten bestimmt, unsere Zugehörigkeiten formiert, unsere Lebensstile konstituiert und nicht zuletzt die Sphäre des Politischen prägt. Dieses betrifft Themen wie Geschlechterrollen und Liebesbeziehungen, Todesphantasien und die Stilisierung lebendiger Körper, Modediktate, Designtrends und Konsumpräferenzen, Arbeitsethiken, Freundschaftsrituale und demokratische Praktiken. All dieses hat spezifische Konjunkturen, wird zu bestimmten Zeiten besonders heiß und produktiv diskutiert.

Die Bände widmen sich auf dieser Basis aktuellen ästhetischen Phänomenen und Verhandlungen in literatur-, kultur-, medien- und gesellschaftswissenschaftlicher Perspektive und unterziehen sie semiotisch-kulturpoetischen Mikro- und Makroanalysen. Dadurch soll ihre kommunikative Dimension analysiert und kontextualisiert und ihre diskursive, politische wie ökonomische Aufladung transparent gemacht werden. Die Reihe richtet ihren Blick dorthin, wo mediale Aufmerksamkeit, ästhetische Prägnanz, ökonomische Potenz und kulturelle Virulenz sich an einem ästhetischen Kristallisationspunkt treffen. Konkret kann sich dies auf das Musikgeschäft, die Bildende Kunst, die Literaturproduktion, die Film- und Fernsehindustrie, Fangemeinden, Popkultur, Konsumästhetik etc. beziehen.

Niels Penke

Instapoetry

Digitale Bild-Texte

Niels Penke
Philosophische Fakultät
Universität Siegen
Siegen, Deutschland

ISSN 2730-7301   ISSN 2730-731X   (electronic)
Essays zur Gegenwartsästhetik
ISBN 978-3-662-65545-0   ISBN 978-3-662-65546-7   (eBook)
https://doi.org/10.1007/978-3-662-65546-7

Die Deutsche Nationalbibliothek verzeichnet diese Publikation in der Deutschen Nationalbibliografie; detaillierte bibliografische Daten sind im Internet über http://dnb.d-nb.de abrufbar.

Cover: © Artjazz / Shotshop / picture alliance

Planung/Lektorat: Ferdinand Pöhlmann
J.B. Metzler ist ein Imprint der eingetragenen Gesellschaft Springer-Verlag GmbH, DE und ist ein Teil von Springer Nature.
Die Anschrift der Gesellschaft ist: Heidelberger Platz 3, 14197 Berlin, Germany

#instapoetry
#instapoesie
#instapoems
#quotes
#poems
#Aufmerksamkeitsökonomie
#digitalepoesie
#digitalität
#mentalhealth
#selfcare

Inhaltsverzeichnis

Einleitung

„Warum bist du so kurz? liebst du, wie vormals, denn /
Nun nicht mehr den Gesang?" (Friedrich Hölderlin).

Instagram ist eine Foto- und Video-Plattform. Wer sie
aktiv benutzt und Inhalte gleich welcher Art dort einstellen möchte, muss diese zum Bild machen. Diese
Bilder treten in einen unüberschaubaren Reigen von
Milliarden anderer Bilder ein, die um dieselben kostbaren
Ressourcen Aufmerksamkeit und Anerkennung in Form
von Likes und Follows konkurrieren. Ein Foto ist die
„Verlängerung" einer „Geste" um auf etwas hinzuweisen
und *„das da, genau das, dieses eine ist's"* zu rufen (Barthes
1980/2019, S. 12). Smartphones und Instagram haben die
Möglichkeit eröffnet, permanent *„das da"* zu rufen und
den eindringlichen Appell zum Schauen an ein zunächst
unbestimmtes Publikum zu richten. Wer durch seinen
Feed scrollt oder nach etwas sucht, stößt immer auf einen

N. Penke, *Instapoetry,* Essays zur Gegenwartsästhetik,
https://doi.org/10.1007/978-3-662-65546-7_1

„Wechselgesang von Rufen wie ‚Seht mal! Schau! Hier ist's!'" (ebd., S. 13), denn fortlaufend erscheinen neue Beiträge im Feed, der uns beständig weiter füttern möchte. Auch in den Stories reihen sich Bilder an Bilder an Bilder, und kaum etwas davon besitzt Dauer, denn jeder einmal gesehene Beitrag wird sogleich durch andere, wenn auch ähnliche ersetzt, ohne jemals an ein Ende zu kommen. Es gehört zum Wesen dieser „ästhetischen Ökonomie" (Böhme 2016, S. 25) der Plattform, dass sie das Sichtbare, seine unmittelbaren Reize und die spontane Rückmeldung als konstitutive Momente implementiert hat.

Eine denkbar schlechte Umgebung für Literatur – könnte man meinen. Für eine Literatur zumindest, die ihr genuines Potential aus dem bezieht, was gerade nicht offensichtlich und sofort verständlich ist, die mit mehreren Bedeutungen spielt und, für Lektüre wie Verstehen, Zeit benötigt. Doch das Gegenteil ist der Fall. In den 2010er Jahren ist weltweit eine Mode kultiviert worden, in und mit Bildern zu dichten. Instagram hat nicht nur neue Formen der literarischen Kommunikation befördert, auch hat vieles mittlerweile den Weg auf die Plattform gefunden, was es vor ihr oder außerhalb ihres Netzwerks bereits gegeben hat, das nun aber digitalisiert in ungeahnten Beziehungen zum Vorschein kommt. Um die genuinen Praktiken unter den Bedingungen von Social Media, die gänzlich neuen angewandten Formen und Themen soll es im Weiteren gehen. Unter dem Stichwort Instapoetry, das vor allem als Hashtag reiche Verwendung findet, ist dort eine literarische Produktivität freigesetzt worden, die wohl niemand für möglich gehalten hat. Instapoetry bezeichnet als ein relativ weiter Sammelbegriff (fast) alles, was an literarischen Texten auf Instagram nicht bloß gepostet und zirkuliert, sondern auch primär für den Gebrauch innerhalb der Plattform verfasst wird und entsprechend grafisch gestaltet und optimiert ist. Da es sich um mittlerweile Millionen von Texten handelt, ist das Spektrum an Formen und Gattungszugehörigkeiten breit. Instapoetry umfasst ebenso aufwendig gestaltete und formbewusste wie auch beliebige und schludrige (bisweilen parodistische) Beiträge zwischen Sentenz, Gedicht und kurzer Prosa, die thematisch mitunter an Selbsthilfeliteratur anschließt (Pâquet 2019, S. 296). Dass Instapoetry zu einem nicht unwesentlichen Teil aus mehr oder minder nachdenklichen Sprüchen mit Bildern besteht, die auch für Kalender und Wandtattoos herhalten könnten (vgl. Abb. 1), sollte nicht vorschnell dazu verführen, alle Beiträge über einen Kamm zu scheren.

Wie in den anderen Künsten auch, hat sich das Kreativitätsdispositiv der Plattform bewahrheitet, unter dem weltweit die Trias von „creativity, design, and experiences" (Frier 2020, S. 83) milliardenfach in distinktive Formen gebracht wird. Allen Abgesängen auf eine scheinbar extrem unpopuläre Gattung zum Trotz, erleben vor allem *lyrische* Texte eine Hochkonjunktur bzw. kurze Texte, die produktions- wie rezeptionsseitig als Lyrik empfunden werden. Denn es sind überwiegend kurze Texte, die in Abhängigkeit von den Bedingungen der Plattformroutinen das größte Potential haben, *instagrammable* zu werden, und diese am besten passenden Formen werden in der Lyrik gesucht. Die Selbstbeschreibungen der Instapoet:innen sind allerdings knapp, die biografischen Angaben im Profil sind auf 150 Zeichen beschränkt. Auch die explizite Reflexion des (literarischen) Tuns ist knapp, sie kommt zuallermeist ohne jenen Ballast aus, der andere Literaturen, insbesondere lyrische, für ein großes Publikum unzugänglich erscheinen lässt. Hier gilt: *What You See Is What You Need.*

Fragen, was diese besondere Form der *poetry* denn aber sei, werden trotzdem gestellt. Sichtbar wird dies besonders, befragt man Suchmaschinen nach dem Stichwort

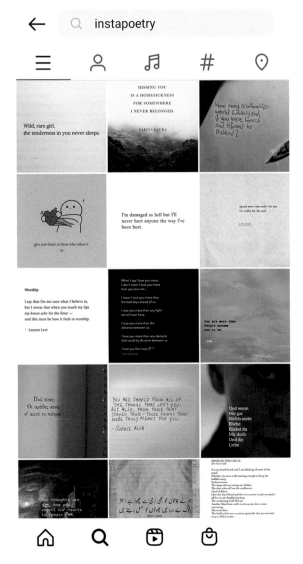

Abb. 1   Suchanfrage „instapoetry", 20.06.2022

„Instapoetry". Nicht nur die Anzahl der Treffer, der Essays und Forendiskussionen frappiert, auch die Vehemenz, mit der Fürsprache und Kritik ins argumentative Feld ziehen, das weniger durch leichter klärbare Einzel- als durch weitreichende Grundfragen konturiert wird. Dabei wird offenkundig, wie groß die kulturelle Verunsicherung ist, die von der Instapoetry ausgelöst wurde. Einige der am meisten rezipierten Texte, die sich mit dem Phänomen beschäftigen, tun dies mit grundsätzlichen Fragen: „Is it ‚real' poetry?" (Natividad2019), „Are Instapoets Destroying the Art of Poetry?" (Ramirez 2020), „Why are we so worried about ‚Instapoetry'?" (Leszkiewicz2019), „Why do Instapoets succeed?" (Atkinson2020) – sie deuten allesamt darauf hin, dass sich weder das neue Phänomen und seine Exponenten von selbst erklären, noch dass diese mit herkömmlichen Kategorien und Bewertungsmaßstäben zu begreifen, geschweige denn zu erklären oder angemessen zu kritisieren sind. Zu sagen, was alles unter dem Begriff verstanden wird, ist zwar relativ einfach, da er als Sammelbezeichnung ebenso Fremd- wie Selbstbeschreibung für das wachsende Text-universum ist, aber warum diese Praxis so überaus populär geworden ist, dass Autor:innen in vielen Teilen der Welt mit ihren überwiegend kurzen Beiträgen dazu beitragen und warum diese literarischen Formen überhaupt so ein-zigartig erfolgreich sind, bedarf der Analyse. Auch die kulturdiagnostischen Fragen, warum ‚wir' uns durch dieses Phänomen besorgt oder auch gerade nicht besorgt zeigen sollten, ob die lyrische Dichtkunst allgemein durch Instagram ‚zerstört' oder sogar ‚gerettet' werde, bedürfen ebenso weiterer Ausführungen und lassen sich nicht mit einer einzigen gemeinsamen Hypothese beantworten. Die Fragen allerdings zeugen von Verunsicherung, von Disruptionserfahrungen, die aus der Konfrontation des Etablierten mit einem Neuen resultieren, das in kurzer

Zeit viel Beachtung gefunden hat und nunmehr alles unter Legitimationsdruck stellt, was zahlenmäßig hinter ihm zurückbleibt.

Was sich über Instapoetry nämlich ohne Zweifel sagen lässt, ist, dass es sich zumindest für einige ihrer Vertreter:innen um ein „booming business" handelt (Green 2019), das, unabhängig von jeder möglichen Bewertung, zur Etablierung digitaler Poesie auf Social Media-Plattformen entscheidend beigetragen hat. Zwischen Gratiskultur und *big business* wird sie als elementarer Ausdruck plattformkapitalistischer Ökonomie gedeutet (vgl. Staab 2019), da sie einem neuen Zeitalter, dem „age of scrolling literature" (McElwee2017), den Weg geebnet habe, um neue Praktiken einzuüben, die auf schnelle, meist intermediale Rezeption ausgelegt sind. Die Texte der Instapoetry stehen in einem fortlaufenden Prozess, einem Kontinuum aus Produktions-, Rezeptions- und Distributionsakten, die seit nunmehr zehn Jahren permanent wieder und wieder vollzogen werden, die minütlich neue Texte hervorbringen, die wiederum sofort kommentiert, diskutiert und inner- wie außerhalb der Plattform weiterverbreitet werden. Diese poetischen Texte, wie auch immer sie aussehen mögen, erfreuen sich eines Interesses, mit dem sich für Verlage, Schulen und Literaturbetrieb einiges anfangen lässt.

Dass Instapoetry wahlweise hoffnungsvoll als *die* Zukunft lyrischer Literaturen gefeiert oder als ihre äußerste Verfallsstufe kulturkritisch verworfen wird, weist darauf hin, dass es für Legitimation wie Kritik ums Ganze geht. Affirmative wie kritische Erklärungsversuche werden auffallend häufig in Superlativen formuliert. Instapoetry sei die erfolgreichste, die beliebteste, die demokratischste, die populärste Dichtung aller Zeiten, oder aber, so die Gegenseite, vielleicht doch eher die schlechteste, die kunstloseste, die inflationärste Mode einer lediglich als Literatur getarnten Aufmerksamkeitsheischerei. Unabhängig von der Entscheidung, welche dieser Einschätzungen richtig oder falsch sind, ist Instapoetry vor allem eines: eine Dichtung der großen Zahlen. Sie wird zu einem wesentlichen Teil über ihre zahlenmäßig angebbaren Beachtungs- und Verkaufserfolge definiert und entsprechend über eine Popularisierung „zweiter Ordnung" (Döring et al. 2021, S. 11–15) rezipiert. Die Beachtungserfolge werden zur Grundlage für weitere Beachtung, weil sie ein gesteigertes Interesse darüber wecken können, dass bereits viele Menschen einem Phänomen *sichtbare* Aufmerksamkeit gewidmet haben. Vor allem in feuilletonistischen Beiträgen werden diese überraschenden Fakten diskutiert und gefragt, ob Instapoetry als Gesamtphänomen gerade wegen dieser exorbitanten Zahlen als hinreichend legitimiert oder aber automatisch delegitimiert zu sehen sei? Denn die Zahl erscheint einerseits als ein objektives Faktum, das Evidenz beanspruchen kann und sich nicht leugnen oder wegdiskutieren lässt. Dies gilt auch für die 4,5 Mio. Follower, die Rupi Kaur als erfolgreichste und bekannteste aller Instapoet:innen auf sich versammeln konnte, und über acht Millionen verkaufte Gedichtbände, von denen ihr Debüt *Milk and Honey* (2014) Bestseller und Longhauler (Egan 2021) zugleich geworden ist. Die über 68 Mio. Beiträge unter #poetry oder die fünf Millionen unter #instapoetry sind unleugbare Tatsachen, die aber noch nichts über Form, Inhalt oder die Qualität von Texten aussagen, nur über ein Phänomen besonderer Popularität, wie es im Zusammenhang mit literarischen Texten nur selten zu beobachten ist.

Andererseits wecken hohe Zahlenwerte jahrhundertealte Ressentiments gegenüber der Zustimmung großer Menschengruppen und exorbitanten Quantitäten. Die Gründe dafür werden in besonderer Einfachheit, formaler wie intellektueller Kunst- und Anspruchslosigkeit gesehen.

Es scheint daher geradezu zwangsläufig, dass Zahlen, die noch vor einigen Jahren im Zusammenhang mit lyrischen Texten unvorstellbar gewesen sind, diese tiefverwurzelten Abneigungen wachrufen.

Die Debatten aber, die über die Literarizität der Instapoetry geführt werden, überschatten meist die Tatsachen, wer darin wie zu Wort kommt und worüber überhaupt gedichtet wird: marginalisierte Stimmen, von weiblichen Autor:innen und People of Colour (PoC), die sich Gehör verschaffen, indem sie nicht nur mit Sprache und medialen Formaten experimentieren, sondern auch ihre eigene (politische) Agenda setzen (vgl. Gallon 2019). Dass es dabei um existenziell bedeutsame Fragen und Probleme geht, die über bloß „nervige Erfahrungen" (Rauscher 2020) weit hinausgehen, wird schnell ersichtlich. Die Frage nach der ‚Qualität' erscheint vor diesem Hintergrund als geradezu sekundär, oder aber als Ausweichmanöver, um die Auseinandersetzung mit den Inhalten und Perspektiven, die dort aufgetan werden, zu umgehen oder über den Weg des ästhetischen Urteils zu delegitimieren. Zur Erklärung der globalen Popularität dieses offenbar kunstlosen und allzu pragmatischen Genres tragen solche Ansätze jedoch nur wenig bei.

Aussagekräftiger sind hingegen die superlativischen Vergleiche, die sich auf die hyperparadigmatischen Archive der Popkultur beziehen. Bei Rupi Kaur handele es sich, so Nilanjana Roy, um die „Beyoncé der Poesie" (Roy 2018) und die Instapoetry sei insgesamt etwas wie ein „McDonalds des Schreibens" (Bresge 2018). Pop-Startum, weltweite Bekanntheit und schnell verfügbare, tendenziell ungesunde Konsumangebote, die sich dadurch auszeichnen, standortunabhängig die immergleichen Produkte anzubieten. Mit dem Verweis auf Beyoncé wird allerdings weit mehr gesagt und ein treffenderer Vergleich hergestellt, aus dem sich einige Thesen ableiten lassen.

Beyoncé als weiblicher Mega-Star und feministische PoC ist ein Role-Model mit ebenso großer Reichweite wie politischem Symbolwert (vgl. Stokowski 2019, S. 136–137). Dies sind Faktoren, die nicht unmittelbar mit ihrer Rolle als Pop-Musikerin verbunden sind, die sich aber in einer besonderen Konstellation verstärkend ergänzen. Die Musik als Effekt organisierter Tonfolgen, die von verschiedenen Instrumenten und Stimmen ausgeführt werden, ist nur ein Element des Gesamtphänomens, für das Pop als „Zusammenhang aus Bildern, Performances, (meist populärer) Musik, Texten und an reale Personen geknüpften Erzählungen" steht (Diederichsen 2014, XI).

Hier lässt sich für die Instapoetry einiges transferieren, nimmt man diese als eine Form von Pop-Literatur in den Blick. Die Musik mag eine untergeordnete Rolle spielen, aber auch sie kommt (z. B. in den Stories) vor. Entscheidend ist das Mehr an relevanten Komponenten, aus denen sich Pop-Phänomene zusammensetzen, ihr Zusammenspiel, ihre Komplementarität, die ein Teil ohne die anderen nicht hinreichend begreifen lassen kann. Allerdings hat dieser literarische Pop weniger mit dem gemeinsam, was in früheren Jahrzehnten als Pop-Literatur beschrieben wurde, insbesondere mit jener der 1990er Jahre, die von Autoren wie Nick Hornby, Christian Kracht und Benjamin von Stuckrad-Barre geprägt wurde. Diese zeichnete sich dadurch aus, dass sie Markennamen, Songzitate und andere Bezüge auf Konsum- und Pop-Kultur ausgestellt hat, um sich primär *ästhetisch* von anderen Lifestyles und Stilgemeinschaften abzugrenzen. Nein, Instapoetry ist eher eine Pop-Literatur, die sich zu anderen, ihr vorgängigen Formen der Literatur verhält wie sich die Pop-Musik, die in den 1950er Jahren in die Welt kam, zu früheren musikalischen Ausdrucks- und Darstellungsformen verhalten hat. Mit der Erweiterung relevanter Komponenten ist eine wesentliche Verlagerung auf die Visualität und die Soziabilität einhergegangen. Denn diese Pop-Literatur funktioniert als eine kulturelle Praxis der Rückkopplung zwischen Publikum und Künstler:in (vgl. Baßler 2015), wobei die Text*umgebung* nicht länger als Äußeres und arbiträres Beiwerk aufgefasst, sondern als wesentlicher Bestandteil integriert wird. Instagram als Plattform bietet dafür ideale Möglichkeiten, sie legt eine umfassende Visualisierung sogar nahe. Auch der musikalische Pop ist nicht ohne die gesteigerte Visualität zu verstehen, ohne die Cover von Alben und Singles, die Logos und Fotos der Musiker:innen, die Poster der Stars und das Erlebnis von Live-Events, in denen Sinnlichkeit und Leiblichkeit dominieren, mit dem Effekt, dass die Stars fast, aber eben nur fast spürbar nahe kommen. Strukturell wird mit der Instapoetry ein ähnlicher Visualisierungsschub vollzogen, in dessen Fokus auch die Körper der Poet:innen treten. Durch das Nebeneinander von Selfies und Texten im Feed, den Fotos und Videosequenzen in den Stories mit allen möglichen O-Tönen aus dem alltäglichen Leben, mit Einblicken in Schreibszenen und -prozesse werden die Texte über ihre jeweiligen konkreten Illustrationen und Rahmungen in ästhetische wie persönliche, (auto-)biografische Zusammenhänge eingebunden, die für Produktion und Rezeption insgesamt konstitutiv geworden sind. Ohne diesen Bild-Apparat, der die einzelnen Texte umgibt, fehlte Wesentliches.

Auch weitere Aspekte, die für Pop kennzeichnend sind, lassen sich in diesem Kontext feststellen, wie ein bestimmter „Funktionalismus", der emotional ansprechen will und auf „Belebung" abzielt, eines Pop der ästhetischen „Oberflächen", die zur Ausbildung von verschiedenen Stilgemeinschaften führen (vgl. Hecken 2012). Doch jenseits der distinktiven Oberflächen zielen viele Instapoets auf eine Tiefe jenseits schneller und bunter Bilder, nämlich auf die eigene Betroffenheit, auf physische wie psychische Versehrungen, an deren Vergegenwärtigung aktiv gearbeitet wird. Auch die Affizierung der Leseschaft, die über das bloße *gefällt mir* emotional berührt werden soll, ist Teil des Funktionsprinzips. Oder andersherum: Die Nutzer:innen finden literarische Formen vor, die sie ansprechen und zunächst individuell affizieren, die in einer Weise darüber mit anderen, die ähnlich empfinden, in Austausch treten, die zu Follower:innen werden und sich wechselseitig in ihrem Tun bestätigen, dass sich darüber Communities ausbilden, an die sich Interessierte anschließen, um sich und die eigenen (Lese-)Erfahrungen mitzuteilen und gegebenenfalls auch eigene Anliegen zur Geltung zu bringen.

Diese Rekursivität ist ein elementarer Baustein der sozialen Verknüpfung; er ist im Funktionsprinzip der Plattform angelegt, wird aber im Kontext der Instapoetry zum besonders wichtigen Element des *community building,* ohne dass sich ihre Entwicklungen zum globalen Phänomen nicht fassen lassen. Es geht nicht um das bloße Senden und Empfangen, sondern um die geteilte Kommunikation über gepostete Inhalte, darum, über Stücke zu sprechen, sich mit anderen begeisterten auszutauschen und, wie in zahllosen Fan-Kulturen zuvor bereits geschehen, über gleiche Interessen und Empfindungen mittel- bis langfristig zu vergemeinschaften. Anders als bei musikalischen Pop-Stars ist die Trennung zwischen Bühnenhandelnden und Publikum jedoch scheinbar gering. Die Plattform erweckt den Eindruck, als gebe es keinen Bühnengraben, sondern der Kontakt zu und mit den Urheber:innen der gefeierten Texte sei ähnlich direkt und unmittelbar wie der mit dem eigenen Freundeskreis. Diese Form parasozialer Kommunikation zieht wiederum Grenzen ein – denn auch wenn man (fast) allen schreiben kann, eine Garantie dafür, dass die Direktnachricht gelesen und beantwortet wird, gibt es nicht.

Zur Rekursivität gehören auch Praktiken der Nachahmung, die wiederholen, abwandeln und weiterentwickeln, was andere vorgemacht und popularisiert haben. Während es vom Singen vor dem Spiegel ein weiter Weg ist, um mit den ‚Kings‘ und ‚Queens of Pop‘ die Bühne zu teilen, scheint dies bei der Instapoetry anders zu sein. Nachahmung wird wahrscheinlicher, je einfacher sie technisch zu bewerkstelligen ist. Die Wiederholung bestätigt aber auch das Gesamtphänomen der Instapoetry, trägt zu ihrem Erhalt und weiteren Wachstum bei, da die Zahl der Beiträge unter den dominanten Hashtags für alle sichtbar weiter anwächst. Andererseits erscheinen die Formen durch ihre (scheinbare) Anspruchslosigkeit hinreichend niedrigschwellig, so als wären sie leichter nachzumachen, und die Scheu ist entsprechend geringer, sich im selben Medium mit eigenen Versuchen zu präsentieren. Analog zur Fotografie gilt auch für das lyrische Schreiben, dass „Unmengen an Materialien neu produziert [werden], die vor der Digitalisierung und Vernetzung gar nicht existierten beziehungsweise den privaten Bereich nicht verlassen konnten." (Stalder 2021, S. 112) Auch die Tatsache, dass die Theoretisierung dieser Textpraxis nicht übermäßig stark ausgeprägt ist und einen betont nicht-elitären Habitus kultiviert (vgl. Lerner 2016), ermutigt eher dazu, sich auszuprobieren und der Community anzuschließen. Sie forciert damit – wie der Pop in der Musik – eine Form der Bildungsentlastung, kommt es auf doch auf traditionelle Expertise überhaupt nicht mehr an. Diese verstellt eher Zugänge als dass sie Erkenntnis befördert. Instapoetry erleichtert die Dichtung um den Ballast einer Bildungstradition, die abschreckt und den vergnüglichen Umgang tendenziell unwahrscheinlicher macht. Nachahmung und Wiederholung beziehen sich auf das, was gefällt. Das Interesse bleibt nicht immer passiv, sondern wird in die eigene

Praxis umgesetzt. So wird verständlich, warum unter den vielen Millionen Text-Bild-Kombinationen dominante Muster entstehen und bestimmte Verfahren häufiger verwendet werden als andere. Die technische wie die formale Einfachheit sind Gründe dafür, dass Instapoetry, anders als viele andere Formen der digitalen Literatur, bei einem großen Publikum verfangen und so überaus populär werden konnte.

Die formale Ähnlichkeit der Texte innerhalb der Instapoetry ist indessen ein Beleg dafür, wie eine für populäre Kulturen typische selbstreferentielle Struktur- und Stilbildung funktioniert. „Wann immer populäre Kulturen einen Aufmerksamkeitserfolg erzielen", so der Medienwissenschaftler Jochen Venus, „kristallisiert an diesem Erfolg sofort ein Konvolut ähnlicher Produkte. Jedes Faszinosum geht unmittelbar in Serie, strahlt aus, metastasiert und bezieht immer mehr Rezipienten in die spezifische Form spektakulärer Selbstreferenz ein. Auf diese Weise emergieren Stilgemeinschaften normalisierten Spektakels." (Venus 2013, S. 67) Ihre Anschlusskommunikation steht im Zeichen eines „selbstähnliche[n] Formenrepertoire[s]" (ebd.), das durch imitierende oder modifizierende Nachahmung entsteht. Für die Verstetigung populärer Kulturen ist die Kommunikation über diese Gegenstände genauso entscheidend wie das „Konvolut ähnlicher Produkte", das über das Prinzip der „Serie" für neue Kommunikationsanlässe sorgt, die wiederum für Beachtung durch zuvor Unbeteiligte sorgen kann. Auch dies ist ein Effekt der Einfachheit, die zum Prinzip dieser besonderen Form der „Partikelpoetik" gehört, denn sie vermittelt ja immer wieder glaubhaft den Eindruck, „jede und jeder kann so schreiben – faktisch." (Schulze 2020, S. 83).

Für die Breite der Instapoetry lässt sich eine Analogie übernehmen, die Limor Shifman mit Hinblick auf

Meme formuliert hat, dass nämlich „Schlechte' Videos in der gegenwärtigen Partizipationskultur ‚gute' Meme [ergeben]." (Shifman 2014, S. 84) In der formalen Einfachheit der deswegen häufig für ‚schlecht' befundenen Texte liegt das Erfolgsrezept der Popularität der Instapoetry als *Gesamtphänomen,* denn zig Millionen Texte lassen sich nur produzieren, wenn die Mittel dafür vielen gegeben sind. Das so einfach wirkende Posting impliziert den Appell des DIY-Charakters und suggeriert – das kannst Du auch, also mach es nach, mach es anders oder besser. An der Praxis können alle, die mögen, ohne große Investitionskosten partizipieren und ihren Content einspeisen, um mit ihren Ideen, Talenten und Ressourcen (Zeit, kognitive und emotionale Kapazitäten) zu partizipieren. Instagram ist darauf ausgerichtet, DIY zu fördern, aber in einer anderen Weise als dies in Hobbykellern, Kleingärten oder autonomen Jugendzentren betrieben wird. Denn diese DIY-Kultur findet vor einem riesigen, weltumspannenden Publikum statt, mit dem ein direkter Austausch möglich ist. Anders als das inter-passive Let's play-Genre animiert diese Schreibform in mehrfacher Hinsicht zum Nach- und Selbermachen, der Auftrag ‚express yourself' ist thematisch und medial implizit zugleich.

Dabei scheint sich, was für Fotografie oder Design gilt, auch für die Instapoetry zu bestätigen: dass die Amateur:innen von heute die Profis von morgen sind. Die Professionalisierung durch Entprofessionalisierung ist ein weiterer Aspekt, der durch den gewaltigen Popularitätsschub befördert wurde. Doch lange nicht alle Instapoets erreichen diese Sphären, in denen das reflexive Moment des Pop, das hinlänglich Bekannte in neue ästhetische oder diskursive Zusammenhänge zu übersetzen, zum Tragen kommt. Gegenüber den Stars im Head, denen die meiste Beachtung und Popularität zukommt, gibt es einen Long Tail, der das Fundament bildet und für die relative Stabilität des Phänomens sorgt. Das heißt, für das Gesamtphänomen sind beide Enden wichtig, auch wenn Aufmerksamkeit, *fame* und Geld höchst ungleich verteilt sind.

Instapoetry hat, wie die Popmusik, nachweisbar in die Lebenswelten, Denk- sowie Verhaltensweisen vieler Menschen Eingang gefunden. Sie ist vor allem dort populär, wo das vermutete Desinteresse an Literatur, besonders an Lyrik groß ist – unter jungen Menschen der Generationen Y und Z. Analog zur Young Adult Fiction, die an ein neues Publikum zwischen ,Jugendlichen' und ,Erwachsenen' adressiert ist, wurde Instapoetry als *Young Adult Poetry* bezeichnet (Wilson 2018), weil sich ein großer Teil der Lesenden aus Fünfzehn- bis Fünfundzwanzigjährigen rekrutiert (Manovich 2017, S. 133). Diese Popularität ist global, da sich die Aufmerksamkeitserfolge nicht auf eine einzige identifizierbare Zielgruppe oder bestimmte Regionen beschränken, sondern (mit wenigen Ausnahmen) weltweit festgestellt werden kann. Nach der Popkulturalisierung der Kunst und der Musik nun eine Popkulturalisierung der Lyrik, die, so ließe sich folgern, die Eindeutigkeit nicht im Material sucht, denn dieses bleibt bunt und vielfältig, wohl aber in der Wirkung und den Effekten, die gezielt angesteuert werden.

Mit Popmusik hat die Instapoetry auch die Tendenz gemeinsam, sich in kurzer Zeit über nahezu den gesamten Erdball verbreitet zu haben. Analog zum Selfie, dessen Bildmuster „sich weltweit ähneln" (Ullrich 2021, S. 41), ist mit der Instapoetry eine digitale Bild- und Textkultur als Form von *world literature* entstanden, die in kurzer Zeit in allen Teilen der Welt emergiert ist, in denen Instagram verfügbar ist. Sie ist nicht erst nachträglich durch eine fachmännische Sichtung und Belobigung in den Status von Weltliteratur erhoben worden oder durch einen paradigmatischen Einzeltext, der in aller Welt Nach-ahmungen provoziert, konstituiert worden, sondern dies ist quasi instantan geschehen, durch eine geteilte Praxis. Englisch hat sich als die *lingua franca* der Instapoetry erwiesen, da alle populären Instapoets ihre Texte auf Englisch veröffentlicht haben, und so, dem Selfie ähnlich, „eine global verständliche Form des Kommunizierens: mit Bildern und Bildzeichen, jenseits babylonischer Sprach-verwirrung" erschaffen haben (Ullrich 2021, S. 43). Gleichwohl gibt es ähnliche *poetry* mittlerweile auch auf Arabisch, Farsi und Hindi, Urdu und Japanisch, Französisch, Norwegisch, Deutsch oder Tschechisch, die aber, gegenläufig zum Mainstream, partikulare Publika adressieren. Die Differenzierung in zahlreiche Einzel-sprachen ist ein nachträglicher Effekt, auf den im Hin-blick auf die Arbeit an Sprache und Form noch einmal näher zurückzukommen ist. Hier genügt es, sich mit der Globalität zu begnügen.

Vor dem Hintergrund dieser auf schillernde Ober-flächen, Warenform und die Ausbildung von Stilgemein-schaften abzielenden Verpoppung mit globaler Ausbreitung, lässt sich in der Analogie zur Schnellrestaurant-Kette McDonalds der nicht allzu überraschende Vorwurf erkennen, Instapoetry sei ein typischer Ausdruck der globalen Kulturindustrie, ein buntes Arsenal massen-haft fabrizierter trivialer Produkte, das den (immer geist-los vorgestellten) Massen zum unmittelbaren Konsum vorgesetzt wird (Pâquet 2019, S. 302). Gedichte wie Hamburger, die rund um die Welt identisch aussehen und gleich schmecken. Doch Instapoetry ist kein genormtes Franchise-System, sondern eine kreative Praxis, die zwar vielerorts ähnliche Erzeugnisse hervorbringt, aber keines-wegs als Produktplatzierung von oben entstanden ist. Es ist allerdings nicht zu vergessen, dass diese Formen von Dichtung innerhalb einer Plattform publiziert und

kommuniziert werden, die ihrerseits Teil der Kulturindustrie ist, deren Anreizsystem eine der Schattenseiten der
Textpraxis darstellt.

Wie bei vielen populären Phänomenen kommt der
Sozialdimension eine wichtige, wenn nicht sogar die entscheidende Rolle zu. Dies würde bedeuten, dass das, was
mit einem kulturellen Artefakt gemacht wird und wie
darüber gesprochen wird, mindestens ebenso wichtig
ist wie die Realdimension, also die Musik als Musik
oder Literatur als Literatur. Allerdings ist Instapoetry,
deren Sachdimension von Text und Bild gleichermaßen
bestimmt ist, über die Plattform immer schon vernetzt,
sodass die Sozialdimension im Social Media-Kontext zu
einem unabtrennbaren Teil der Realdimension geworden
ist. Jede Ausblendung dieser Verwobenheit verstellt das
Verständnis. Das hat Folgen für jeden Text, der unter
diesen Bedingungen gestaltet wird.

Durch die öffentlichen, für alle einsehbaren Rückmeldungen wird auch erkennbar, was jenseits der von
Gatekeepern kuratierten literarischen Kommunikation
offenkundig große Relevanz besitzt. Es wird deswegen
bei Instagram so populär, weil es anderswo vielleicht dis-
kriminiert und kategorisch ausgeschlossen ist, auf jeden
Fall aber, weil nur wenige Angebote frei zugänglich
sind. Erst der kostenlose Zugang macht es wahrscheinlich, dass ausreichend viele Menschen teilhaben. Dem
Smartphone als Medium kommt die entscheidende Ver-
mittlerrolle zu. Dass Instapoetry einen Sitz im Alltags-
leben vieler ihrer Rezipient:innen gefunden hat – und
nicht zuletzt auch die „Intimitätsfunktion" des Pop
(Diedrichsen 2014, XVIII) erfüllen kann – verdankt sich
dem Smartphone, das fast immer dabei ist und Zugriff
auf Profile und Texte überall ermöglicht. Doch anders als
die stationäre Plattensammlung, ist das große Angebot

der Instagram-Popliteratur in einem mobilen Selbst-
bedienungsladen immer mit dabei.

Popularität zu befragen und zu verfolgen, scheint mir
ein geeigneter Zugang, um das Phänomen Instapoetry hinsichtlich seiner Bedingungen, seiner Funktionsweisen und
seiner relativen Stabilität beschreibend und verstehend
nachvollziehen zu können. Dies ist mehr als der Spur *follow
the money* nachzugehen. Es geht zwar auch um (teilweise
viel) Geld und um seine Verheißungen, die auf unterschiedlichen Ebenen von verschiedenen Akteur:innen gemacht
werden, aber Popularität lässt auch andere Relationen
klarer werden, etwa die der medialen Infrastruktur. Die
Erfinder:innen und Betreiber:innen der Plattform geben
die Bedingungen vor, unter denen Kommunikation ermöglicht wird, unter welchen (sichtbaren) Parametern dort
agiert wird und welche Affordanzen auf dieser Grundlage
wirksam werden. Dass es Likes und Follower:innen gibt,
sind konstitutive Momente jeder Handlung, die durch
Algorithmisierung, Werbepartnerschaften und Möglichkeiten zur Selbstvermarktung erweitert wurden. Alle diese
Einstellungen sind auf Popularität programmiert. Sie
geben diese an ihre Nutzer:innen weiter – denen über das
Bemühen um wachsende Popularität wiederum Ansehen
und Erfolg in Aussicht gestellt werden. Was für niedliche
Tiere und Influencer:innen für Babybekleidung gilt, betrifft
auch diejenigen, die in dieser Umgebung mit literarischem
Schreiben reüssieren wollen.

Als Beweis für die Gültigkeit des Erfolgsversprechens
dienen diejenigen, die bereits berühmt und reich
geworden sind. Was für erfolgreiche Influencer:innen gilt,
zeigt sich auch für die Protagonist:innen der Instapoetry.
An diese schließen sich Communities an, vereinzelte
Follower oder stärker gekoppelte Fangemeinschaften,
die den Erhalt von Popularität gewährleisten, die aber

ihrerseits Hoffnungen und Ansprüche entwickeln, die nachahmen und -eifern, die ebenfalls mit ihren Gefühlen, Worten und Texten Beachtung suchen und davon träumen, gelesen und geliebt zu werden. Vom Versprechen, dass sie es schaffen können, lebt Instagram als Maschinerie, lebt das Phänomen der Instapoetry. Die Nutzungsroutinen spielen in diesem Zusammenhang ebenso eine große Rolle wie die Möglichkeiten, Popularität zu erwerben, diese zu kaufen oder verkaufen, in verschiedenen Relationen Aufmerksamkeit zu verhandeln. Popularität, die sich nicht primär an Personen oder konkreten Artefakten wie etwa einzelnen Büchern festmacht, zeigt Muster und Netzwerke auf, wie etwa die Gefühlsgemeinschaften, die für Nicht-Involvierte über Hashtags sichtbar werden. Auch die Wertungskommunikation verläuft entlang der Unterscheidung von Populärem und Nicht-Populärem. Für die „apokalyptische" Perspektive ist Popularität immer ein Hinweis auf Gefahr und ein Verfallssymptom, die Integrierten hingegen erfahren Bestätigung durch die hohen Zustimmungswerte: Sie werden darin bestärkt, dass es alles seine Richtigkeit habe, wie es sei und was sie tun. Popularität als ein technisch induzierter Algorithmus ist ein ökonomisches Programm mit zahlreichen sozialen Effekten – die Instapoetry verdankt ihre Existenz ebenso dieser Anlage, wie sie diese Logiken als Thema problematisiert. Popularität ist ein ständiger Fluch und ein noch beständigeres Versprechen, seine Anliegen durch zahlenmäßiges Wachstum durchsetzen zu können.

Diese rein quantitative Popularität wird innerhalb der Plattform permanent gemessen und für alle sichtbar ausgestellt. Likes, Follower:innen-Zahlen, die Anzahl der gesamten Beiträge unter bestimmten Hashtags, all dies wird automatisch ermittelt und angezeigt, aber auch algorithmisch verarbeitet. Das algorithmische

Management sorgt für eine permanente und automatische Relevanzbewertung, die sich der Nachvollziehbarkeit durch Akteur:innen wie Follower:innen entzieht. Damit ist von zwei Ebenen von Popularität auszugehen: einer internen, von der wir nur wenige Daten zu sehen bekommen. Trotz aller vorgeschützten Heimeligkeit gilt: „the app is thinking in terms of numbers, not people" (Frier 2020, S. 279). Das kreative Individuum ist eine Zahl im Getriebe der Rechenmaschine, die in Absehung von der realen Person Wertigkeiten feststellt und Positionen zuweist. Dazu kommt eine anderen Dimension von Popularität, die sich in der sichtbaren Kommunikation äußert, die Selbstvermarktung anregt und sich in Buchverkäufen materialisiert. Diese sorgt erst dafür, dass aus dem quantitativen Wachstum der Zahlen der Umschlag in einen qualitativ anderen Zustand erfolgt. Plötzlich stehen Lyrikbände auf den Verkaufstischen ganz vorne und es gibt an Pop-Konzerte erinnernde *Lecture Performances* vor großem Publikum, das begierig Merchandise erwirbt.

Es wäre aber zu einfach, diese Konstellation aus Perspektive einer der altbekannten Rollen von „Apokalyptikern und Integrierten" (Umberto Eco) zu beschreiben. Auf der einen Seite hochkulturell imprägnierte Verächter:innen, die aus betonter Distanz und mit wenig Sachkenntnis in den kurzen Texten und ihrer neuen medialen Umgebung den nun wirklich ultimativen Verfall von ‚richtiger' Literatur und eines angemessenen Stils, der Gedanken und Wohlklang harmonisch vereint, erblicken. Der Gang der Moderne als kultureller Verfallsprozess, hier kommt er endgültig an sein Ende, denn die Apokalypse wird als ‚Offenbarung' verstanden. Das Ganze (Instapoetry im Speziellen, Instagram und Social Media im Allgemeinen) werden dann als lediglich aktuellster Ausdruck einer kulturindustriell präformierten

Schein-Aktivität und Pseudo-Kunst verstanden, die in Opposition zu einer dem Echten und Schönen verpflichteten, wahrhaften Kunst bzw. Dichtung stehen. Der Katalog dieser Gegensätze, an denen sich die „Populärkritik an der Populärkultur" (Eco 1994, S. 16) seit Friedrich Schiller orientiert, ist zwar kurz, aber immer noch wirkmächtig, wie nicht zuletzt die Debatte um den neuen ‚Midcult' (Baßler 2021), ein Verdikt das auch über die Instapoetry gefällt wurde, gezeigt hat.

Ansätze dieser Art verstellen den Blick auf die Instapoetry als mögliches Paradigma einer neuen literarischen Ästhetik, die verschiedene Interessen (moralische, politische) vereint und dies auch in die Aisthesis, die Wahrnehmung durch ihr Publikum, integriert. Der ‚Midcult'-Vorwurf zielt darauf ab, die Ambivalenz und das freie Spiel als Elemente einer hohen Literatur bzw. Kunst (‚Hochkultur') aufrechtzuerhalten, die anderen Formen überlegen sei. Viele Instapoets brechen daher mit der modernen Vorstellung von der Autonomie der Kunst, nicht weil sie mit einer Schein-Kunst zum kulturindustriell organisierten Massenbetrug beitragen wollen, sondern weil sie um die Heteronomie menschlichen Lebens und daher auch der künstlerischen Produktion allzu gut wissen. Bestimmungen, die dazu beitragen, dass es sich bei Instapoetry mehrheitlich um eine heteronome Dichtung handelt, die mit primär pragmatischen Funktionen verbunden wird. Gebrauchsdichtung oder Kasualpoesie heißt alles das, was nicht der Selbstgesetzlichkeit autonomer Dichtung gehorcht. Diese Dichtung wurde anlassbezogen oder im Hinblick auf einen bestimmten Verwendungskontext verfasst, der nicht allein in der Lust am Text aufgeht, sondern zu geistlichen Zwecken, zu Lob, Erinnerung oder Totengedenken das geeignete (lyrische) Werkstück darstellte. Instapoetry orientiert sich an motivierenden Funktionen, die über den ästhetischen Eindruck hinaus wirken, anregen, ermuntern oder *empowern* sollen. Es ließe sich mit Blick auf ältere Formen der Erbauungsliteratur von ‚neuen Tröstern‘ (vgl. Engelmeier 2021, S. 16) sprechen, deren Texte auch im digitalen Kontext eine ‚erbauliche Lektüre‘ ermöglichen.

Es scheint daher kein Zufall zu sein, dass viele prominente Beispiele für diesen ‚Midcult‘ nicht-weiße und nicht-(cis)-männliche Autor:innen sind. Die Frage nach der ästhetischen Autonomie stellt sich für das Gros der Instapoet:innen daher gar nicht. Es ist anzunehmen, dass dies auch mit ihrem jeweiligen Hintergrund zu tun hat, denn auch in dieser Konstellation lässt sich die Frage stellen, warum sie sich „auf eine Idee berufen" sollten, „deren Entwicklung weitestgehend ohne sie stattgefunden hat? Wie sollen sie etwas als emanzipatorisch und therapeutisch empfinden, das sie selbst nur als Exklusion und Missachtung erfahren haben?" (Ullrich 2019). Hingegen setzt ein ästhetischer Wahrnehmungs- und Bewertungs-Modus, der von ethischen und politischen Inhalten absehen kann oder diese der *Form* unterordnet, ein entsprechend privilegiertes Beobachter-Ich voraus, das historisch als männlich und primär weiß konzipiert wurde. Eine solche Ästhetik, die als Wahrnehmung aus sicherer und dadurch interesseloser Distanz funktioniert, wurde bei Immanuel Kant konzipiert. Doch diese nötige Distanz rein ästhetischer Wahrnehmung ist keineswegs immer möglich. Die konkrete Gefahr ebenso wie systemische Zwänge verhindern diese Haltung – zu den Bedingungen der Möglichkeit ästhetischer Wahrnehmung gehört also die Sicherheit, nicht involviert, betroffen oder bedroht zu sein. Wer verletzt wurde und fürchten muss, abermals verletzt zu werden, kann diesen Modus nur schwerlich einnehmen oder will sich das ‚interesselose‘ Wohlgefallen gar nicht leisten, weil ihre Akteur:innen als Gezeichnete von sich ausgehen, die nicht Abstraktion und

Verallgemeinerung suchen, sondern aus dem konkreten So-Sein ihren Auftrag begründen.

Vor diesem Hintergrund ist Instapoetry eminent ethisch und politisch geprägt, weil dem Ästhetischen angesichts von Unrecht und Gewalterfahrungen kein Primat eingeräumt werden kann. Einmal mehr lässt sich daher bestätigen, dass Social Media-Inhalte ihren Bedeutungszusammenhang durch ihre Einbettung in soziale Kontexte und die Lebensrealität ihrer Nutzer:innen entwickeln. Wer nicht Teil einer aktiven Community ist, wer nicht in Echtzeit an der Kommunikation beteiligt ist, besitzt ein Defizit, das die ‚apokalyptische' Position auszeichnet.

Auf dieser anderen Seite wiederum stehen die „Integrierten", die nicht nur eine radikale Erneuerung der Poesie erblicken, an der sie freudig mitarbeiten, sondern auch eine Demokratisierung der literarischen Kommunikation empfinden, denn, Instagram sei Dank, entscheiden nicht länger Verlage, Feuilletons und Buchpreis-Jurys als klassische Gatekeeper darüber, wessen Texte wie und wann veröffentlicht, diskutiert und bewertet werden, sondern (potentiell) alle. Die poetischen Produktionsmittel samt Evaluationstools und Kommentarteil stünden mit der zu Facebook bzw. Meta Platforms gehörenden Plattform nunmehr allen gleichermaßen zur freien Verfügung. Nun könne sich endlich ohne institutionelle Einmischung über permanente Abstimmung aller herausfinden lassen, was wirklich wichtig, vor allem, was jene Dichtung sei, die den Leuten gefällt, auf ihr Leben wirkt, die sie berührt und ihnen hilft. Aber eben nur fast – denn Innen- wie Außenperspektiven sind von verschiedenen blinden Flecken bestimmt, denen jeweils das entgeht, was die andere Perspektive fokussiert – ein Zuviel an Distanz und Kontextbezug hier, ein Zuwenig an Reflexion auf die

Möglichkeitsbedingungen und ihre Folgen dort. Beide aber sind unbedingt zusammenzudenken, wenn eine differenzierende Einschätzung des Phänomens Instapoetry, ihrer literarischen Formen wie ihrer plattformspezifischen Bedingungen gelingen soll. Das Phänomen muss daraufhin befragt werden, warum sich so viele Millionen Menschen integrieren lassen, Communities aufbauen und erhalten, Popularitätswerte nicht nur einmal, sondern dauerhaft generieren – mit welchen Zielen und Benefits, aber auch auf welcher Grundlage, mit welchen Abhängigkeiten und zu welchem Preis. Wie ist Popularität möglich, die auf der einen Seite Superstars hervorgebracht hat, auf der anderen eine massenhafte Textproduktion befördert hat, an der sich weltweit Hunderttausende interaktiv beteiligen?

Es muss darum gehen, ästhetische Praxis und Akteur:innen mit der Plattform und den gegebenen medialen Bedingungen zusammenzudenken. Dies möchte ich unter Zuhilfenahme einer Begriffsprägung des Medienwissenschaftlers Lev Manovich versuchen: *Instagramism*. Manovich versteht darunter eine bestimmte Kombination von Form und Inhalt, die sich durch eine besondere Sensibilität, Haltung und Tonalität auszeichne (Manovich 2017, S. 73). Manovich begreift den *Instagrammismus* als eine ästhetische Bewegung wie andere Ismen der modernen Kunst (Surrealismus, Kubismus oder Futurismus) vor ihr. Kennzeichnend für diese Ästhetik einer „new *global digital youth class* that emerges in early 2010s" sei (Manovich 2017, S. 119), dass sie wie diese früheren Ismen eine „eigene Vision der Welt" und eine eigene „Bildsprache" geprägt habe (ebd., S. 115). Diese zeichne sich durch einen gewissen Minimalismus aus, der nicht immer, aber häufig, zu kasualer, beiläufiger („casual", S. 52) Produktion neigt, also gelegenheitsbezogen Erfahrungen einfängt und kommuniziert. Kennzeichnend dafür sind auch Stilgemeinschaften, die sich von anderen unterscheiden und darin einen Sinn finden, die ein „poetic design" (ebd., S. 85) pflegen, das mit binären Ordnungen von natürlich und künstlich, von Kunst und Design, unabhängig („independent", ebd., S. 86) und kommerziell, von ‚high' und ‚low' bricht. Als ein allgemeines und bestimmendes Muster nimmt Manovich die Präsenz des Körpers der Künstler:innen an („*presence of Instagrammer's body in the designed photos*", ebd., S. 125), die sich von traditionellen Positionierungen abwendet: „*outside of the scene* s/he records according to perspectival rules. Instead, she is *in the scene, in the situation, in the moment.*" (ebd.) Sie werden über die mediale Inszenierung zu Körpern, die zählen, die auf Anerkennung aus sind, die ein Gewicht haben. *Bodies that matter.*

Diese Aspekte lassen sich, wie ich im Folgenden zeigen werde, allesamt auf die für die Plattform designte Instapoetry übertragen. Der Instagrammismus forciert eine bestimmte Bildästhetik, mit der unter den Bedingungen medialer Affordanzen eine spezifische Aisthesis nicht nur bedient, sondern konstituiert und schließlich für die weitere Nutzung geradezu vorausgesetzt wird. Diese Wahrnehmungsweise wird durch die unzähligen Bilder und Videos in Feed und Stories schnell eingeübt und fortlaufend perpetuiert. Bis zu 350 Likes die Stunde. Allerdings lassen sich mehrere Accounts betreiben. Wer Instagram derart exzessiv nutzt, der:dem wird der dauer-fütternde Feed zur Mastanstalt.

Genährt wird dieser poetische Instagrammismus von einer jungen, global praktizierenden ‚Klasse', die einen minimalistischen Stil einer Kasualdichtung entwickelt, der nicht immer, aber häufig von konkreten Erfahrungen oder aktuellen Empfindungen ausgeht und duale Ordnungen überwindet. Dies gilt auch für die Selbstdarstellung und -wahrnehmung als ‚normale' Autor:innen, die eine

Verortung in ‚high' und ‚low' schlicht unthematisiert lassen. In einer Dichtung, bei der aber der oder die Autor:in (zumeist) mit im Text ist – und zusätzlich auch häufig physisch im Bild zur Erscheinung kommt – lässt sich keine Trennung vornehmen, denn beide beziehen ihre Legitimation und Beglaubigung aus dem jeweils anderen.

Doch auch über diese besondere Bildästhetik hinaus, lässt sich der Begriff Instagrammismus als Ismus im Sinne der Ideen-, oder mehr noch der Ideologiegeschichte verstehen. Instagram mag erst kurze Zeit existieren und es ist keineswegs sicher, dass die Plattform auch in fünf oder zehn Jahren noch relevant sein wird. Für die 2010er und 20er Jahre konstituiert sie jedoch eine der wichtigsten privatwirtschaftlichen kontrollierten Öffentlichkeiten, die nahezu global einen starken auf Einfluss auf kulturelle Dynamiken besitzt. Und es ist ein ganz bestimmter Ismus, der als Grundsatzprogramm der Plattform zugrunde liegt, aber nur bedingt explizit gemacht wird. Ein Ismus, der sich aus einem Kreativitätsdispositiv und medialen Affordanzen zusammensetzt, den gegebenen, scheinbar unbeschränkten Möglichkeiten zu individuellem Ausdruck und kreativer Selbstentfaltung von Milliarden Nutzer:innen, die aber, wenn sie die ‚Chancen' bestmöglich nutzen wollen, einer Performance-getriebenen Leistungsethik unterworfen werden, die zu rastloser Betriebsamkeit antreibt, um sich im Zeichen des „humanbrandings" (Pâquet 2019, S. 297) selbst zur Marke zu machen. Rastlos, weil die automatisierte Quantifizierung die Zahlen als Leistungsindikatoren beständig im Blick hält und für alle sichtbar macht, vor allem aber, weil die Algorithmisierung auf die Bewertung der Performance programmiert ist und unentwegt Wertigkeiten aufgrund von Popularität feststellt. Was populär ist, wird als interessant und relevant bewertet, das Nicht-Populäre hingegen wird benachteiligt und depriorisiert.

Der Instagrammismus zeichnet sich durch eine implementierte Governance aus, die als ständige Kontrolle im Zeichen der Freiwilligkeit mitläuft und zum kreativen Weitermachen anspornt. Diese implementierte Agenda ist neoliberalen Grundsätzen verpflichtet. Wesentlicher Bestandteil des Instagrammismus ist der „neoliberal self(ie) gaze" (Saraswati 2021, S. 1), ein (fotografisch vermittelter) Blick auf das (dichterische) Selbst, das zum „Spektakel" (ebd., S. 11) gemacht und in einer Art „Erfolgsgeschichte" (ebd., S. 7) entwickelt wird. Dieses Selbst entwickelt Selbsttechniken, sich auszudrücken und sich selbst (therapeutisch) bis zur Selbstausbeutung und immer intimeren Geständnissen zu bearbeiten. Dabei wirkt es attraktiv, unterhaltend und inspirierend auf andere, ist aber immer „in the process" (ebd., S. 44) und kommt nie ans Ende seiner Erzählung, denn es zeichnet dieses Modell „neoliberaler Alchemie" aus, den erfahrenen und poetisch verarbeiteten „Schmerz" in „Phantasmagorien" und „Gold" zu verwandeln, ohne ein konkretes Zukunftsversprechen zu kennen (ebd., S. 67).

„What will poetry become, with an algorithm as our muse?" (Naji 2021, S. 5), fragt Jeneen Naji in ihrem Buch *Digital Poetry*. Instapoetry könnte die bislang einschlägigste Antwort darauf sein.

Instagrams Kreativindustrie

Die Frage, woher die Instapoetry überhaupt kommt und wie der gigantische Erfolg dieser Bild- und Textpraxis und ihrer prominentesten Vertreter:innen zu erklären ist, kann nur unter Berücksichtigung der technischen Entwicklung der Plattform, ihrer Popularisierung und den stetig expandierenden User-Kreisen beantwortet werden. Der spätere Hype um Instapoetry wird erst als eine wechselseitige Hervorbringung, als ein „dance of agency" verstehbar (Pickering 1995, VII), bei dem sich technische Infrastruktur und Nutzungspraktiken gegenseitig beeinflussen. Die Metaphorik des Tanzes allerdings suggeriert in diesem Fall eine trügerische Illusion, denn die eine, die führende Seite, die Plattform, macht nur wenige Schritte (etwa die Einführung neuer Features und Funktionen), sie bewegt aber beständig andere – und lässt diese ‚tanzen'. Instagram stellt zwar Möglichkeitsräume zur Verfügung, die anbieten, über Bild- und Textformulare sowie die Video-Formate unbegrenzt viele Postings und Stories

© Der/die Autor(en), exklusiv lizenziert an Springer-Verlag GmbH, DE, ein Teil von Springer Nature 2022
N. Penke, *Instapoetry,* Essays zur Gegenwartsästhetik,
https://doi.org/10.1007/978-3-662-65546-7_2

einzustellen, deren Bedingungen jedoch, ihre technischen Beschränkungen sind unverhandelbar. Damit handelt es sich bei Instapoetry um eine plattformspezifische Literatur, die anders als andere Formen digitaler Literatur, nur eine Seite des Texts zeigt, nämlich die der Schnittstelle, also das, was auf dem Bildschirm bzw. dem Handy-Display erscheint. Einen Einblick in die dem Dargestellten zugrundeliegenden Skripte gibt es nicht mehr. Was also im Code formuliert ist (in Python und JavaScript), der etwa die Algorithmisierung bestimmt, darauf gibt es weder Zugriff noch Einblick. Das Geschäftsprinzip der Plattform basiert daher auf der Idee, „in der Beschränkung die kreativen Möglichkeiten auszuloten" (Nymoen/Schmitt 2021, S. 71) – und dabei das unternehmerische Selbst zu kultivieren.

Instagram ist es eindeutig gelungen, wie die über 50 Mrd. Postings (Stand 2021) anzeigen, große Kreativitätspotentiale zu mobilisieren und auch zu verstetigen. Es stellt die Mittel bereit, ‚Phantasmagorien' zu entwerfen, die starke Bindungskräfte besitzen und nachhaltig faszinieren, denn die Nutzer:innen wenden sich mehrheitlich nicht nach kurzer Zeit wieder ab, sondern werden mehr und mehr. Und dies rasant, fast so, wie es der Name anzeigt, von jetzt auf gleich. Instagram ist ein Portmanteau von **Instant Camera** und *Telegram,* es trägt also die Unmittelbarkeit bildlicher *und* textlicher Kommunikation bereits im Namen. Seit der Produkteinführung im Oktober 2010 hat die Plattform einige Veränderungen erfahren, die das Spektrum an Möglichkeiten zur Gestaltung und Verbreitung von Bildern sukzessive erweitert haben. Die Affordanzen haben sich daher wie auch die Nutzungspraktiken wiederholt verschoben. Unter Affordanz verstehe ich in diesem Fall den Angebotscharakter der Plattform, der Handlungsräume eröffnet, in denen Menschen miteinander interagieren

können, zugleich aber Bedingungen für diese Interaktionen festlegt, die bestimmte Handlungsweisen wahrscheinlicher als andere machen. Affordanzen gibt es „aus
Nutzersicht immer auf mindestens zwei Ebenen", die
sich aus der Gestaltung des medialen Artefakts (z. B. des
Smartphones) und einer „medial verfassten Welt in Form
von Repräsentationen" zusammensetzen (Kaerlein 2018,
S. 165). Einfachheit ist das Primat, damit „jederzeit möglichst intuitiv klar ist, welche Schritte zur Durchführung
bestimmter Aufgaben erforderlich sind" (ebd.).

Im Zusammenhang mit Instagram bedeutet dies
vor allem das Angebot von Veröffentlichungsmöglich-
keiten eigener Fotos und die damit verbundene Aussicht
auf Verbreitung und Resonanz von anderen privaten
Nutzer:innen, aber auch von Unternehmen. Nimmt man
Teil, setzt man sich den Affordanzen der technischen
Möglichkeiten und schließlich auch den Funktionsweisen des Mediums aus – Abweichungen und alternative
Benutzung sind zwar möglich, führen aber zu Nachteilen
im ‚game'. Affordanz bezeichnet neben dem Angebots-
daher auch den Aufforderungscharakter, so zu handeln,
wie die medialen Möglichkeiten es vorgeben und durch
idealtypisches Verhalten in den Kampf um Aufmerksamkeit, um Likes und Follower, mit seinem Content ein-
zutreten. Damit begeben sich User:innen nicht nur in
Netzwerke, um von diesen Kontakten wie auch immer zu
profitieren, sondern es geht stets auch darum, diese Netzwerke selbst zur Geltung zu bringen. Instagram installiert
damit eine ständige wechselseitige Beobachtung in der
permanenten Konnektivität. Die Anzahl der „mitgeteilten
und auch angeschauten, kommentierten und bewerteten
Leseaktivitäten" erhöht indessen „die Wahrscheinlichkeit, dass man wahrgenommen wird" (Porombka 2018,
S. 144).

Die digitale Revolution stellt insofern einen exponentiellen Sprung dar. Niklas Luhmann hat in seiner Kommunikationstheorie immer wieder betont, dass die Einführung der Schrift Mitteilung und Verstehen räumlich und zeitlich voneinander getrennt hat, wodurch eine „gewaltige Explosion von Anschlussmöglichkeiten" hergestellt wurde (Luhmann 1997, S. 266) – diese erfahren unter digitalen Bedingungen eine weitere Explosionswelle, in deren Verlauf sehr viel mehr Menschen miteinander in potentielle Kommunikationsbeziehungen versetzt werden. Schrift funktioniert im Kontext von Social Media zwar nicht grundsätzlich anders, sie ist aber durch eine Vielzahl von neuen Codes, Emojis und Stickern, nicht zuletzt durch die Verschränkungsmöglichkeiten von Text und Bild, von geschriebenem und gesprochenem Wort unter Einbeziehung technischer Bearbeitung multiplizierend verschränkt worden. Die Anschlussmöglichkeiten sind, vor allem durch die enorm vereinfachten Möglichkeiten zur *sharebility* wie *spreadability* um ein Vielfaches erhöht und dadurch extrem beschleunigt worden. In einem grundsätzlichen Sinne bedeutet Digitalität bereits über die verwendete Technik eine spezifische kulturelle Verschränkung, in der „Referentialität, Gemeinschaftlichkeit und Algorithmizität sich wechselseitig beeinflussen" (Stadler 2021, S. 13), weil sie immer bereits Teil eines kommunikativen Netzwerkes sind, in dessen Umfeld sich andere Nutzer:innen befinden. Gerade in umfangreichen Netzwerken verbleiben diese allerdings solange in der Unsichtbarkeit der Latenz, bis sie entweder im Feed von Follower:innen (vorausgesetzt, der Account verfügt über solche) oder auf einer *popular page* (heute heißt diese *explore* auf Instagram) zur Darstellung kommen oder über die aktive Recherche aufgesucht werden. Dass ein Beitrag bei anderen angezeigt wird, ist immer eine Frage der Wahrscheinlichkeit.

Instagram ist von Beginn an primär visuell (in den Stories und Videos später auch audiovisuell) ausgerichtet und bis heute hinsichtlich seines von Twitter übernommenen Ordnungsmusters stabil. Es gibt User-Profile mit der Funktion anderen Accounts zu ‚folgen' *(follow)* und somit deren Inhalte im eigenen individuellen Feed angezeigt zu bekommen. Jede technische Neuerung auf Instagram hat die Affordanzen verändert und, meist instantan, zu veränderten Nutzungspraktiken geführt. Eine der wichtigsten Neuerungen war die Einführung von Hashtags im Januar 2011. Diese Verschlagwortungen stellten umgehend, wie bereits beim Vorbild Twitter, die wichtigste Möglichkeit dar, Inhalte netzwerkartig zu organisieren. Denn Hashtags ermöglichen gezieltes Suchen, geben über die Gesamtheit bestimmter Themenbündel Aufschluss und verweisen auf die jeweils relevantesten Accounts des jeweiligen Themenspektrums. Dadurch tragen sie auch maßgeblich zur Gruppenbildung bei, um sich selbstgewählten Zusammenhängen einzuschreiben oder wiederum eigene (Mikro-)Diskurse zu eröffnen (vgl. Glanz 2018). Hashtags sind daher Möglichkeiten der Selbstbestimmung, die sich gegenüber den algorithmisch generierten „kalkulierten Öffentlichkeiten" (Gillespie 2017, S. 96) einer bewussten Setzung verdanken. Dies gilt ebenso für die Möglichkeit, Verlinkungen zu anderen Beiträgen und Profilen herzustellen (ab Juli 2013). Auf diese Weise ist es möglich, ‚parasitär' an der Popularität und den Aufmerksamkeitserfolgen anderer User:innen zu partizipieren. Dies gilt auch für alle Hashtags, die in Verbindung mit literarischen Inhalten stehen. Unter unspezifisch-allgemeinen Hashtags wie #literature oder #poetry versammeln sich neben Selbstgeschriebenem auch Beiträge, die Texte Dritter in besonderer Gestaltung ausstellen. Neben der Memefizierung kanonischer Autor:innen hat dies auch neue Aufmerksamkeiten für ‚vergessene'

Dichter:innen hergestellt (vgl. Vuille 2020). Im August 2016 wurde die an Snapchat orientierte Funktion eingeführt, Kurzvideos, sogenannte Stories, posten zu können, die wiederum ab November 2016 um die Funktion von Live-Videos zur Direktübertragung ergänzt wurde. Im Februar 2017 kam schließlich das Feature der Slideshow hinzu, das es ermöglicht, unter einem Beitrag mehrere Fotos zugleich zu posten, die durch seitwärtiges Scrollen nacheinander angesehen werden können.

Die operative Struktur der Plattform ist hingegen gleich geblieben. Im Zentrum des Zugangs steht von Beginn an das Profil als eine offene Werk-Struktur, die individuell gestaltet wird – das betrifft die Postings und Stories, die ein Profil für andere sichtbar werden lassen, das betrifft aber ebenso die Entscheidungen über Likes und Follows, auf deren Basis algorithmisch errechnet wird, was im Feed zur Anzeige kommt. Im Juni 2018 hat Instagram angegeben, dass weltweit über eine Milliarde aktiver Accounts in Verwendung seien. Immens hohe Zahlen in einem Netzwerk, hinter denen Menschen stecken, die sich in Bild und Text ausdrücken und mitteilen, mit einem deutlichen Bezug auf eigene Erfahrungen, die immer wieder bestätigen, was das Unternehmen als seinen *unique selling point* ausgegeben hat: „Twitter was about opinions, Instagram was about experiences – and *anyone* could be interested in anyone else's visual experiences, anywhere in the world" (Frier 2020, S. 31). Hier ist angelegt, was das Geschäftsmodell von Social Media-Plattformen auszeichnet, das auf die „Kapitalisierung aller möglichen Ausdrucksereignisse" zielt (Vogl 2021, S. 130). Ob Meinungen oder Erfahrungen, sie können zum Spektakel gemacht und der Bewertung durch ein unbekanntes Publikum unterworfen werden. Jedes Ausdrucksereignis ist auf instantane Eindrucksereignisse ausgerichtet – ob „wow!", „krass!", „crazy!", „amazing!", „cute!", „sad!", „oh my!", „so sorry!", verbalisiert oder in einem Emoji ausgedrückt.

Instagram versteht sich tatsächlich, wie dessen Begründer in ihren Selbstbeschreibungen unentwegt betonen, als eine Plattform zur Förderung von Kreativität. Die Journalistin Sarah Frier hat in ihrem Buch *no filter* (2020), das auf Gesprächen mit den entscheidenden Personen basiert und darüber die Geschichte des Unternehmens erzählt, dieses Bemühen nachgezeichnet. Glaubt man den Gründern und Entwicklern, Kevin Systrom und Mark Krieger, dann erscheint die Instapoetry geradezu als die Erfüllung und Einlösung ihrer allgemeinen Vorsätze schlechthin: Zu den Kernbegriffen der Philosophie des 2010 gegründeten Unternehmens gehört „simplicity" (Frier 2020, S. 28), womit die Einfachheit der Orientierung auf der Plattform, aber auch die Veröffentlichung und Weiterverbreitung von Inhalten gemeint sind, denn Instagram sollte „simpler and faster" (ebd.) als alle anderen Apps sein. Das emphatische Ziel des Unternehmens sei, wie bereits bei Facebook (Zuckerberg 2017 ff.), die Erschaffung einer „community" (Frier 2020, S. 34). Einer Gemeinschaft, die allerdings nicht wie bei Facebook bereits bestehende Freundschafts- und Familienverbindungen digital wiederholt, sondern neue stiften, die sich allein auf Sympathie, geteilte ästhetische Vorlieben oder gemeinsame Interessen stützen sollte. Das Following, wie Instagram es implementiert hat, basiert gegenüber der Gegenseitigkeit von ‚Freundschafts'-Beziehungen bei Facebook auf einer „nicht-obligatorischen Reziprozität" (Paßmann 2020, S. 1). Niemand ist also gezwungen, seinen Follower:innen ebenfalls zu folgen. Dieses Prinzip macht es auch einfacher, große Zahlenwerte zu erreichen, da es bei öffentlichen Accounts keine aktive Bestätigung braucht.

Die Community soll sich indessen über Gemeinsamkeiten ausbilden: über geteilte Interessen, Erfahrungen und Gefühle. Der Katalog der positiven Attribute ist aber noch länger. Die Instagram-Gründer reklamieren des Weiteren „craft and creativity", „beauty", „experience", „art", „relatibility", „immediacy and intimacy" (Frier 2020, S. 135, 66, 35, 37, 100) für ihre Plattform, die Beiträge dort sollten „meaningful and genuine" (ebd., S. 103) sein, um die Doppelstrategie von „inspire creativity" (ebd.) und „amplify the good" (ebd., S. 279) leisten zu können. Instagram ist, zumindest den Aspirationen seiner Erfinder nach, ein Anwärter auf den Titel „the internet's utopia", einer glücklichen, hochgradig inklusiven Utopie, in der „Empathie" statt „Spaltung" herrschen solle (ebd., S. 220).

Doch ganz realisiert wurden diese Ansprüche, wie es zum Wesen der Utopie gehört, bislang allerdings nicht. Denn den vielen positiven Zielen und Qualitäten steht eine ähnlich lange Liste an Problemen gegenüber, die mit der frequenten Nutzung der App einhergehen. Das Hauptproblem, wie Friers Buch immer wieder betont, ist „pressure", Druck, der durch die Konkurrenz aller Inhalte und dem permanenten Vergleich aller mit allen befördert wird. Mit „compare and despair" (ebd., S. 248), vergleichen und verzweifeln, wird dieser Teufelskreis beschrieben, der Wahrnehmung und Denken auf einige wenige äußere Maßstäbe wie Likes, Follows und andere Rückmeldungen orientiert und dessen Folge ein permanentes Ungenügen ist – weil es immer andere gibt, die schon wieder neuen Content gepostet, höhere Like-Zahlen und mehr *Follower* dazugewonnen haben, kann es weder Befriedigung noch Erfüllung geben, wenn „als grenzenloses, unstillbares Verlangen eine Einverseelung des Mangels in die Innenräume der ökonomischen Subjekte" vollzogen wurde (Vogl 2021, S. 160). Frier betont, dass „anxiety" (Frier 2020, S. 248), Angst oder vielmehr verschiedene Formen von Ängsten und Sorgen, die hauptsächlichen Folgen sind, die wiederum andere als problematisch erachtete Praktiken des „faking" und „filtering" befördern, also gänzlich falsche Tatsachen vorzuspiegeln oder durch technische Hilfsmittel, etwa die Filter, mit denen Instagram bekannt geworden ist, die Realität den Idealen entsprechend anzupassen, sie als *enhanced reality* zu erweitern, zu steigern und, im Guten wie im Schlechten, zu intensivieren.

Frier spricht sogar davon, dass gänzlich neue Realitäten erfunden werden, um überhaupt „instagrammable" (ebd., S. 173) sein zu können. Schuld an diesen unguten Dynamiken sei die Algorithmisierung, die das kreative Moment und die empathischen Einblicke in die Lebenswelten anderer dem Kampf um Aufmerksamkeit und Likes geopfert hätten, indem Algorithmen Instagram als ein ‚Spiel' universaler Konkurrenz auf Dauer gestellt habe: „The version of Instagram that the founders had set out to create, one that would foster art and creativity and provide visual windows into the lives of others, was slowly being warped by the metrics Instagram prioritized, turning the app into a game that one could win." (ebd., S. 233) Anstelle der kuratierten Features sind die automatisierten Verfahren von Priorisierung und Depriorisierung durch den Hauptalgorithmus getreten. Wer ‚zu wenig' oder nicht ‚gut genug' performed, wird entsprechend heruntergestuft und hat eine geringere Wahrscheinlichkeit, bei anderen User:innen angezeigt zu werden. Dies bedeutet wiederum, will man das „Spiel" mitspielen, beständig neuen Content produzieren und durch aktives Handeln auf Like-Jagd gehen zu müssen. Die Algorithmisierung erhöht den Druck und belohnt vor allem jene Performances, die den Vorstellungen einer idealtypischen Nutzung entsprechen. Neben der Aktivierung möglichst vieler Nutzer:innen geht damit auch eine Normierung ihres

Verhaltens einher, durch Spielregeln, deren Einhaltung den großen (Aufmerksamkeits-)Erfolg verheißt. Dies ist es, was Instagram als Spiel – „a game that one could win" – bedeutet. Das Spiel ist die Illusion einer Chance. Es ist zudem der Traum einer Agenda, die Kreativität und den Ich-Ausdruck auf eine permanente und daher rastlose Betriebsamkeit programmiert, ohne ein anderes Ziel als möglichst gute Zahlenwerte zu erreichen, indem man das eigene Selbst zur Schau stellt. Aus der so offenen und spielerischen *amateur creativity* (vgl. Vadde 2017) wird schnell eine Daueraufgabe, welche die provozierte Kreativität kompetitiv strukturiert und über Erfolgsaussichten die Professionalisierung anreizt. Eine Aufgabe, die sich von anderen Formen der Arbeit gar nicht so sehr unterscheidet – außer der nicht unwesentlichen Tatsache, dass Instagram seine Daten- und damit Umsatz-Produzent:innen nicht an den Einnahmen beteiligt. In diesem Punkt liegt auch der hauptsächliche Grund für die verschiedenen Monetarisierungsstrategien, die das Potential der vielen Adressat:innen durch Produktwerbung als Influencing oder die Vermarktung eigener Artikel umzumünzen versuchen.

Die Kulturtheoretikerin Sianne Ngai hat ein solches Leben im Hamsterrad, das angesichts der permanenten Überforderung durch zu viele Optionen und Aufgaben, auf die das Subjekt zu reagieren hat, und daher stets kurz vor dem Zusammenbruch steht, als „zany" (wörtl. „verrückt") beschrieben (Ngai 2012, S. 174-232). Sie versteht „zaniness" als eine der grundsätzlichen *ästhetischen* Kategorien im Kapitalismus, mit der Leben in Arbeit verwandelt wird. Für manche User:innen ist dieser unerlässliche produktive Wettkampf ein Alptraum, ein Tanz in Ketten, der die Unfreiheit umso bewusster macht, je stärker die Konkurrenz agiert oder aber der ‚Bewegungsdrang' sich in Richtung Experiment und ‚Verstoß' gegen die üblichen Kommunikationsroutinen ausprägt. Experimente sind daher tendenziell gefährlich, der Normierungsdruck hingegen konstant hoch. Nicht von ungefähr kommt es daher, das verursachte Leiden an der Plattform in deren Bezeichnung als „Instagrief" (Sanyal 2021, S. 325) mit einzuspeisen – diese Lasten sind mit den Möglichkeiten, die Instagram schafft, und den sich bietenden Vorteilen stets zu verrechnen.

In der Instapoetry kommt dieser Kampf bisweilen zum Ausdruck. Es überwiegt aber die Bereitwilligkeit, mit der die kreativindustriellen Kernattribute allesamt erfüllt werden: ‚craft and creativity‘, ‚relatibility‘, ‚immediacy and intimacy‘, ‚meaningful and genuine‘. Übersetzt heißt dies, dass wir es mit kreativem Kunsthandwerk zu tun haben, zu deren Schöpfer:innen man in einen (vermeintlich) persönlichen Bezug treten kann, die im Fokus einer Gemeinschaft stehen, die über die gemeinsame Anteilnahme bestätigt wird. Die Unmittelbarkeit der Kommunikation hingegen schafft es, (zumindest den Eindruck von) Intimität zu erzeugen. In der Gesamtheit ergibt sich etwas, das ‚bedeutsam‘ und ebenso ‚echt‘ wie ehrlich ist. Wahrlich keine schlechten Vorsätze, um sich in einem utopischen Freiraum einzurichten.

Dies alles sind zunächst aber lediglich Versprechungen, die den Anschein wecken, es gehe auf der Plattform so zu, dass dieser utopische Zustand auch realisiert werden könne. Instagrams Kreativindustrie, die darauf aus ist, möglichst viele Menschen zur Nutzung anzuregen, basiert auf der größtmöglichen Offenheit und verspricht ideale Möglichkeiten, sich und seine Fähigkeiten zur Geltung zu bringen. Instagram im Allgemeinen und Instapoetry im Besonderen leben vom Netzwerk-Effekt, der darin besteht, dass ein Netzwerk „nützlicher und attraktiver [wird], je mehr Menschen es miteinander verbindet" (Stalder 2021, S. 231). Für das Kreativitätsdispositiv ist also der

DIY-Gedanke entscheidend, auch wenn er seit Langem von der flächendeckenden Professionalisierung überspielt wird. „Alle sollten sich daranmachen, ihre eigene Kreativität zu verwerten, und so neue Nischen und Möglichkeiten der Monetarisierung entdecken." (ebd., S. 37) Kreativität ist der Trigger, mit dem die Vielen in die Nutzung des Netzwerks hineingeholt werden sollen, um, und dies ist das Ziel ihrer Aktivierung, quasi spielerisch neue Möglichkeiten der Monetarisierung aufzutun. Denn es sollte nicht vergessen werden, dass Instagram ein ausgeklügeltes Geschäftsmodell verfolgt. Weder der Download der App noch die monatliche Nutzung kosten Geld – Instagram ist Datensammler und auf dieser Grundlage Werbeplattform, die, weil sie so viel über viele Menschen und ihre Vorlieben weiß, passgenaue personalisierte Werbung und entsprechend gute Vermittlungchancen verspricht. Dieser Ansatz hat die Plattform zu einem eigenen Markt gemacht, der sich um die „Erzeugung supplementären Konsums" bemüht, dessen Angebot „ohne die Infrastruktur der proprietären Märkte nicht existieren würde." (Staab 2019, S. 216) Dass möglichst viele Menschen Zugriff auf die App haben und sie regelmäßig nutzen, ist ebenso wichtig, wie dass die oben genannten Versprechen aufrecht erhalten bleiben, damit die Mobilisierung einer „alltäglichen Kreativität" nicht abbricht (Shifman 2014, S. 99). Was mit einfachen Foto-Filtern begann, ist mittlerweile für viele künstlerische Disziplinen festzustellen, die von massenhaft neuem Content geflutet werden. Diese Produkte verdanken sich „alltäglichen innovativen und künstlerischen Praktiken, die mit einfachen Produktionsmitteln geübt werden können", die aber nicht in der Lebenswelt der Individuen verbleiben, sondern durch das Medium geformt und kommuniziert werden, „indem sie früher im Verbogenen stattfindende banale Praktiken (wie das Singen vor dem Spiegel) in eine deutlich sichtbare öffentliche Kultur verwandelt haben." (ebd., S. 95).

Überträgt man diese Thesen auf die Instapoetry, haben wir es mit einem Phänomen zu tun, das durch die technisch bedingten Möglichkeiten der Digitalisierung ermöglicht worden ist, das ohne diese in seinen vielen Einzelbeiträgen gar nicht entstanden oder aber in den Schreibtisch- und Nachttischschubladen der Offline-Lebenswelt verblieben wäre. Vielleicht aber wären die Texte auch großen Verlagen vorgelegt und abgelehnt worden, um schließlich in enthusiastischen Kleinverlagen oder als Book on Demand doch zu erscheinen – allerdings ohne die nötige Popularität und ohne die Aussicht auf globale Resonanz.

Beachtung und affektive Resonanz, die zu Likes, Shares und Follows führen sollen, sind das Primat der medialen Ökonomie. Die Mediennutzung ist (wenn auch häufig unbewusst) von Allokationsfragen bestimmt, also dem Einsatz von Zeit, Aufmerksamkeit, Likes und anderen ‚Gaben', die der beschenkten Person bzw. ihrem Account zu Gute kommen. Automatisiertes Ranking und Scoring ermöglichen es allen, ihre Zahlen jederzeit im Blick zu haben (vgl. Reichert 2015); die Möglichkeiten steigen, stellt man auf ein „professionelles Konto" als *Business* oder *Creator Account* um, über das zudem diverse Werbeoptionen einstellbar sind. Interessant sind vor allem die Statistiken, die über Zu- und Abgänge bei den Followern, Entwicklung der Like-Zahlen und Views der Storys informieren. Jedes Profil lässt sich durch einen Button in ein Kleingewerbe verwandeln – auf fallende Zahlen lässt sich per Knopfdruck mit bezahlten Anzeigen reagieren, um neue Popularitätserfolge wahrscheinlicher zu machen. Mit der Quantifizierung geht ein Glaube an die objektive Macht des Faktischen einher, das sich in den Zahlen materialisiert. Hohe Zahlen besitzen Überzeugungskraft, es muss das gewisse Etwas vorhanden sein, was diese Popularität hervorgebracht hat, das hinreichend interessant für viele ist. Bisherige Erfolge können dann in einer „Popularisierung zweiter Ordnung" (Döring et al. 2021, S. 11-15) genutzt und die bisherigen Aufmerksamkeitserfolge zu weiteren Promotionzwecken eingesetzt werden. Eine solche zahlenmäßige Popularität ist immer prekär: Sie kann jederzeit befragt werden und ermöglicht, wenn sie als valides Instrument anerkannt wird, eine exakte aktuelle Verortung in einer Relevanzordnung. Die Abstimmungsfunktion des Likes unterwirft alles, was auf der Plattform veröffentlicht wird, einem permanenten Plebiszit. Abgestimmt werden kann über alles und jeden, 24 h, Tag für Tag. Ob politische Entscheidungen, individuelle Meinungsäußerungen, Tierbilder, Sportereignisse oder literarische Texte, sie alle werden mit denselben Formen zur Darstellung gebracht und über die gleichen Parameter evaluiert. Instagram hat zwar ein Plebiszit eröffnet, das aber zu keinerlei Beschlussfassung kommt, sondern nur spontane Relevanzordnungen und Bewertungsmaßstäbe kennt, die morgen bereits ganz andere sein können. Diese Logik der Popularität entspricht in zentralen Punkten einer neoliberalen Agenda, die keine Stabilität kennt, weil sie den permanenten Prozess forciert. Popularitätswerte sind Börsenkursen nicht unähnlich, sie zeigen aktuelle Stimmungsbilder und Interessen an und ermöglichen den direkten Vergleich ansonsten inkommensurabler Dinge. Popularität ist aber stets nur vorläufig, als Produkt gemessener Beachtung – die Likes von vorgestern mögen vielleicht noch einen Wert besitzen, aber die von vor einem Jahr? Wenig altert schneller als quantitative Beachtungserfolge – oder welche Geltung lässt sich heute noch aus einem viele tausend *friends*-starken Myspace-Account ableiten? Popularität, die fortlaufend berechnet und über Zahlenwerte ausgestellt wird, treibt zur Wiederholung, zu Bestätigung oder weiterem Wachstum an. Mitspielen und Wachsen folgen dem Prinzip *post or perish,* und zwar so oft und so resonanzreich wie möglich.

Die Fiktion der Chancengleichheit basiert dabei auf den gleichen Produktionsmitteln, die allen zur Verfügung stehen: statische und bewegte Bilder (als Post, Story oder Reel) plus Textfeld. Bilder sind die „Universalsprache" Instagrams, denn über diese wird der Effekt befördert, „dass jeder ihrer Teilnehmer und jede Fotografie formal und funktional gleichgesetzt wird" (Bieling 2018, S. 45). Die immer gleiche Reihung quadratischer Fotografien hat den Effekt, dass jedes Unbekannte in bekannter Form erscheint und daher den Eindruck von „Gleichheit und Vergleichbarkeit" befördert, was den Anschein bestärkt, bei Instagram handele es sich um eine egalitäre und ‚demokratische' Plattform (ebd., S. 42). Bei aller ‚relatability' und ‚intimacy' kommt es auf den ersten visuellen Eindruck an, wenn es um Likes und öffentlich sichtbare Zustimmung geht. Dies hat für die allermeisten Inhalte zur Folge, dass sie sich dem Primat der Visualität unterzuordnen haben, denn es dominiert der „Inszenierungswert" (Böhme 2016, S. 27). Dies hat gravierende Konsequenzen für alles, was dort gezeigt werden soll, das nicht primär visueller Natur ist. Nicht wie ein Essen schmeckt, wie ein Kleidungsstück sitzt oder wie ein niedlicher Hund sich in seiner Kostümierung fühlt, ist entscheidend, sondern es geht allein darum, wie diese aussehen und welche Eindrücke sie vermitteln. Visualität wird zur primären Qualität, die alle anderen in den Hintergrund drängt. Besonders folgenreich ist dies für Texte, gleich welcher Art. Nicht ihr Inhalt, ihre argumentative Überzeugungskraft, sprachliche Geschliffenheit oder Polyvalenz stehen an erster Stelle, sondern ihre visuelle

Darstellung, denn diese ist es, die nolens volens in Konkurrenz zu allen anderen, ebenfalls optisch möglichst ansprechend und reizvoll gestalteten Beiträgen tritt.

Angesichts dieser medialen Ausgangsbedingungen entscheiden daher umso mehr die groben Unterschiede über Erfolg und Nicht-Erfolg, über die Wahrscheinlichkeit, viel oder wenig beachtet zu werden. Denn wo bereits große Zahlenwerte in einem Account aggregiert sind, ist es umso wahrscheinlicher, dass diese wiederholt werden, dass also die angestrebte Beachtung, die sich in Likes und Follower-Zahlen ausdrückt, bestätigt wird oder weiterwächst. Auch auf dem Feld der Instapoetry lassen sich ein Head, der obere Beachtungsbereich, in dem die Top-Accounts liegen, und ein Long Tail ausmachen, in dem die große Mehrheit der Instapoet:innen rangiert. Es gilt für die populärsten Instapoet:innen das, was auch allgemein für die zahlenstärksten Accounts der Kardashians und Jenners, Christiano Ronaldo oder Selena Gomez gilt: dass sie über einen kaum einholbaren Popularitäts-Vorsprung verfügen. Angesichts dieser oligopolen Stellungen ist es eine Illusion, die jedoch munter reproduziert wird, dass alle die gleichen Möglichkeiten und Bedingungen hätten, um mit High-Quality-Content an die Spitze zu kommen. Was zunächst durch die kuratierten Features geleistet wurde, wird heute durch die Algorithmisierung beeinflusst. Dagegen ist für Wachstumswillige ein großes Maß an Investition von Zeit und Geld nötig, um die Accounts wachsen und das Standing ihrer Betreiber:innen steigern zu lassen. Doch so sehr diese von der Aussicht auf Erfolg und Startum getragen sein mögen – die besten Plätze sind bereits besetzt. In die erste Kategorie, den Head der Instapoetry, zu Rupi Kaur, R.M. Drake oder Atticus aufzusteigen, wird, je stärker das Phänomen und damit die Anzahl der Beteiligten in die Breite wächst, stets unwahrscheinlicher. Die investierte Zeit, die Aufmerksamkeit und

Interaktionshandlungen nützen daher vor allem der Plattform, ihr Geschäftsmodell basiert auf der permanenten
Datenproduktion, das nur so lange erfolgreich ist, wie
die Hoffnung des Aufstiegs aufrechterhalten wird. Die
Ausgangsbedingungen sind also hochgradig verschieden,
zumal die frühen Instapoet:innen Teile ihrer Gefolgschaft
von der Plattform Tumblr ‚mitgebracht' haben und eine
gute Basis zum Ausbau ihrer Beachtungserfolge besaßen.
Trotzdem lebt Instagram von der Illusion und den damit
verbundenen Versprechungen, dass es *alle* durch hoch-
wertige Beiträge, die nötige Persistenz und das richtige
Investment schaffen könnten, *fame* zu erlangen oder selbst
(mit ihren Produkten) zum *brand,* zur Marke zu werden.
Von dieser Logik sind alle Accounts unabhängig von ihren
Inhalten und Zielsetzungen gleichermaßen betroffen.

Wer unter diesen Bedingungen reüssieren will, bedarf
einer strengen Aufmerksamkeitsökonomie. Nicht allen
kann man folgen, ihre Beiträge liken oder kommentieren,
ebenso ist es unmöglich einen zahlenstarken Account
so zu führen, dass auf jede *direct message* persönlich
und individuell geantwortet wird, nur die wenigsten
bekommen solche Nachrichten, der Rest bekommt die
aus immer ähnlichen Versatzstücken vorformuliertem
Standardtexte, oder eben gar keine Antwort. Trotz der
Beteuerung, wie wichtig die Community sei, ist diese
häufig eine einseitige Angelegenheit – die eine Seite, die
an der Szene gemeinsamer Aufmerksamkeit Teil hat,
rezipiert und applaudiert, ist von der nutznießenden Seite
trotz aller scheinbaren Nähe weit entfernt. Die direkte
Kommunikation – alle schreiben allen Nachrichten und
könnten von gleich zu gleich miteinander sprechen – ent-
larvt sich als eine parasoziale, wenn Rückmeldung und
Bestätigung nur in eine Richtung kommuniziert werden,
eine Gegenreaktion aber ausbleibt. Popularität steht
dann in einer zunehmenden Spannung zur ‚relatability',

das heißt, sie bedarf der erfolgreichen Suggestion, dass Sender:innen und Empfänger:innen auf jener Augenhöhe miteinander kommunizieren, die die scheinbare Egalität vorstellt und trotz der gewaltigen Unterschiede in Follower-Zahlen die Nähe zur Community stets gewahrt werde.

Auch wenn das Unternehmen mit seinem emphatischen Begriff von Community sich etwas anderes erhoffen mag (nämlich die größtmögliche Menge an Personen, die ihre App nutzt und möglichst häufigen Gebrauch von ihr macht), ist der Aufbau und die Pflege von Gemeinschaften ein essentieller Faktor. Diesen Aspekt sollte man insbesondere für die Instapoetry ernst nehmen, denn Community (als *communitas*) verweist auf ‚cum munus‘, wobei ‚munus‘ vieles bedeuten kann: Bürde, Verpflichtung, Gabe, Amt, aus deren Vorhandensein erst die Gemeinschaft hervorgeht (vgl. Esposito 2004). An ihrem Ursprung steht vielmehr ein Mangel: eine zu füllende Lücke, eine von mehreren geteilte Verpflichtung, eine Abgabe, die alle an die Gemeinschaft leisten – der Mangel evoziert etwas, das stets noch aussteht. Zwischen Geteiltem und Gabe, zwischen Thema und Aufmerksamkeit als geleisteter Investition von Lebenszeit, Gedanken und Gefühlen, nicht zuletzt von Geld, konstituieren sich Gemeinschaften, sie existieren, weil sich immer wieder gegen andere Alternativen entschieden wurde. Die getätigten Investitionen wiederum wirken als Motivation zur phatischen Kommunikation, zum Dranbleiben und Weitersehen, sollen sie nicht als wert- und sinnlos verfallen. Es geht also auch darum, die so flüchtigen Verbindungen, die ‚*weak ties*‘ der medialen hergestellten Anschlüsse, in ‚*strong ties*‘ zu verwandeln (vgl. Granovetter 1973), die umso stärker werden, je intensiver, reziproker und emotionaler in diese ‚investiert‘ wird.

Communities, ihre direkten Beziehungen der Teilhabenden untereinander, versprechen vorübergehende Stabilität, Anhaltspunkte inmitten eines ephemeren, transitorischen Prozesses ohne Stabilität und Garantie. Das *munus* wäre die Versicherung, auch dann noch da zu sein, mitzulesen und zuzustimmen, wenn die große Konjunktur vorbei sein mag. Popularität hingegen verlangt die permanente Performance ohne Pause zur Legitimation des erreichten Status durch abermalige Beachtungs- und Zuspruchswerte, als Bestätigung im Kampf gegen den Abstieg in Sachen Publikumsgunst, Ranking und algorithmischer Bewertung. Jeder Aufmerksamkeitserfolg wird somit zum Ausgangpunkt für den nächsten, und er muss dies werden, wenn das *Instagame* weitergehen soll. Es ist ein zynisches Spiel mit Komplexität, denn es gibt immer mehr Optionen als bewältigt werden können, es gibt immer noch einen weiteren Account, den man nicht kennt, Bilder, die man noch nicht durchklickt hat – und wenn der *Feed* soweit durchgescrollt ist, dass die Meldung „Du bist auf dem neuesten Stand" erfolgt, dann ist dies eine Illusion, denn einen ‚Stand' gibt es nicht, in jeder Sekunde erscheinen neue Bilder und Stories, um das Spiel endlos weitergehen zu lassen. An ein Ende zu kommen, eine Textstrecke ausgelesen zu haben, ist unmöglich. Denn die Komplexität reduziert sich niemals; ihr Horizont wird stetig verschoben und nach jedem ‚erledigten' Inhalt lässt der Algorithmus einen neuen zum Vorschein kommen. Diese Horizontverschiebung gilt auch für die literarischen Beiträge, denen andere, aber ähnliche nachfolgen.

Diese Bedingungen sind unverkennbar von einem neoliberalen Geist geprägt. Instagram hat ein Modell der totalen Konkurrenz installiert, bei der alle mit allen um das knappe Gut der Aufmerksamkeit konkurrieren: Hunde gegen Katzen gegen Outdoorkleidung gegen Sneaker gegen Poetry oder irgendetwas Anderes, von dem man nicht einmal ahnt, dass es ebenfalls vorhanden ist. Der instragammable Normalzustand ist der Aufmerksamkeitskampf aller gegen alle. Dabei bringen sie neben den Produkten vor allem sich selbst, ihre Person, ihre Erfahrungen, Gefühle und Gedanken zur Geltung. Viele tun dies mit der Aussicht auf Beachtung, auf Erfolg und Relevanz, es sind aber nicht mehr die *15 minutes of fame*, die allen angesichts der voll entfalteten Massenmedien als ein akzidentelles, durch beliebige, nicht plan- und vorhersehbare Geschehnisse mögliches Ereignis in Aussicht gestellt wurden. Instagram bietet stattdessen die Möglichkeit, gleich 24/7 an der eigenen Berühmtheit zu arbeiten, und, mit rationaler Härte, die allermeisten, die nicht zu den Top-Accounts insgesamt oder zumindest ihrer Sparte gehören, zu Underperformern zu erklären, die sich nicht ausreichend bemüht, schlechten Content geliefert oder generell auf die falsche Strategie gesetzt hätten. *Try harder.*

Instagram gibt das Versprechen, Bedürfnisse zu stillen, die aber von der Plattform in Begehrnisse transformiert werden. Die allgemeinen Bedürfnisse, sich auszusprechen und seine Erfahrungswelt kreativ zu gestalten, sich mit anderen zu verbinden und gemeinsam etwas zu teilen, entsprechen dem oben angesprochenen Selbstbild des Unternehmens. Diese Bedürfnisse sind, anders als Begehrnisse, stillbar. Als Popularität registrierte Aufmerksamkeit hingegen weckt Begehrnisse – keine Bedürfnisse, denn diese Form der Aufmerksamkeit ist nicht lebensnotwendig, obwohl sie gerne als solche ausgestellt wird. Begehrnisse sind grenzenlos steigerbar, denn für „Ausstattung, Glanz und Sichtbarkeit gibt es keine natürlichen Grenzen" (Böhme 2016, S. 29). Solche Ansprüche auf Sichtbarkeit und Resonanz sind vor allem dadurch steigerbar, dass alles im Modus des permanenten Vergleichs erscheint, der nahezu fortwährend einen Mangel detektiert – jeder Zahlenwert ist steigerbar, denn es gibt immer etwas anderes, das mehr Aufmerksamkeit erfährt. Die rezeptionsseitigen Grenzen der Aufmerksamkeit, Stress und Hektik, bedingt durch eine Inflation der Inhalte und ein entsprechend nachlassendes Interesse, sollen weitestmöglich hinausgeschoben werden. Es gehört zu den Strategien der Plattform, die Nutzer:innen in behavioristische „Automaten des Begehrens" zu verwandeln (Vogl 2010, S. 43–44), denn dieser Wettkampf verselbstständigt sich, er wird ein sich selbst reproduzierendes System, autopoetisch und automatisch – denn das Begehren ist nicht zu befriedigen, es ist beliebig steigerbar und daher auch nie ‚ausreichend'.

Vor dem Hintergrund einer Infrastruktur zu schreiben, die nach diesen harten objektiven Kriterien regiert, und dabei das eigene Innere nach außen zu kehren, um auf Empathie, Anteilnahme und Zustimmung zu spekulieren, ist eine widerspruchsvolle Angelegenheit, die den erfolgreichsten Instapoet:innen jedoch immer wieder gelingt. Das richtige Maß zu treffen, gilt nicht nur für den literarischen Text allein, sondern auch für dessen intermediale Gestaltung. So wie Kürze ein Produkt der Affordanzen ist, ist das Bemühen um Authentizität eine Strategie, um einerseits die Texte biografisch zu beglaubigen und andererseits auf Motivierungen zu verweisen, die jenseits medialer Nutzungsroutinen liegen.

Kürze und Authentizität

Als der Hashtag #instapoetry zum ersten Mal verwendet wird, geschieht dies weder im Zeichen von Pop, noch geht der große Glanz gefeierter Celebrities von den frühesten Funden aus, die mittlerweile so weit ins digitale Nirwana entrückt sind, dass sie sich kaum noch auffinden lassen. Der Siegeszug der Instapoetry ist allerdings hauptsächlich über die Popularisierungserfolge der Plattform Instagram zu verstehen, denn begonnen haben viele Poet:innen auf der Blogging-Plattform Tumblr.

In den Jahren 2012 und 2013 machen sich einige junge Dichter:innen auf, die bereits auf anderen Plattformen aktiv gewesen sind und verlegen ihren hauptsächlichen Veröffentlichungsort zu Instagram. Von Tumblr wechseln Rupi Kaur und R.M. Drake herüber, probieren sich zum Teil auch parallel auf Facebook und Twitter aus, die größte Resonanz erfahren sie aber alle auf Instagram, von dessen Popularitätsanstieg sie ebenso profitieren

N. Penke, *Instapoetry,* Essays zur Gegenwartsästhetik, https://doi.org/10.1007/978-3-662-65546-7_3

wie von der Schnelligkeit der Kommunikation und den Möglichkeiten der Reichweitensteigerung durch Querverbindungen. Es ist nicht allein die enge Verzahnung von Bildern und Texten, auch die Verbindungsmöglichkeiten und die Schnelligkeit des Mediums sorgen dafür, dass der Kreislauf von Veröffentlichung und Rückmeldung weit weniger Zeit benötigt, vor allem wenn weit mehr Nutzer:innen darauf warten, als Publikum rekrutiert zu werden. Das Popularitätswachstum ist durch die Inklusion neuer Follower:innen in die Community möglich geworden, was wiederum damit korreliert, dass Instagram Tumblr im Sommer 2013 hinsichtlich der monatlichen Nutzer:innen überholt und seitdem immer weiter zurückgelassen hat. Selena Cotte hat in ihrer Studie betont, dass Tumblr die maßgebliche Plattform gewesen ist, auf der jener Stil entwickelt wurde, der nach seinem Transfer als Instapoetry weit größere Beachtung gefunden hat – nachdem die wichtigsten Akteur:innen wie Rupi Kaur und R.M. Drake den Plattformwechsel vollzogen haben. Ihr Bild-Text-Design haben sie den neuen Gegebenheiten angepasst, aber nicht grundsätzlich verändert. Das ‚Keying' als „Ton und Stil der Kommunikation" (Shifman 2014, S. 43) ist gleich geblieben.

Allerdings haben beide sehr unterschiedliche Präsentations- und Kommunikationsweisen eingeschlagen. Während Kaur auf ihrem mittlerweile gelöschten Tumblr-Profil noch auf jeden Kommentar zu ihren Postings reagierte, zeichnet sich ihr Instagram-Verhalten durch zunehmenden Kommunikationsverzicht und immer stärkere Einseitigkeit aus; Drake hingegen interagiert mit seinen Follower:innen, verweist auf ihre Verlinkungen und pflegt einen betont herzlichen Austausch. Drake ist jedoch weit weniger politische Figur als Kaur, die mit steigender Popularität zur repräsentativen Stimme für jene geworden ist, die mit Unterdrückung, Marginalisierung und Traumatisierung zu kämpfen haben (Pâquet 2019, S. 298).

Der primäre Aufmerksamkeitsschub für Kaur und ihre Texte war jedoch eine Fotostrecke, „Menstruation-themed photo series" (vgl. Saul 2015) im März 2015. Diese zeigt unter anderem Kaur in einem blutbefleckten Schlafanzug, was zu Konflikten mit den Zensurbestimmungen der Plattform führte, eine Debatte auslöste und international große Beachtung fand. Die weibliche Selbstbehauptung gegen regressive Prüderie, die Sichtbarkeit und Diskursanschlüsse herstellt. Kaurs Beiträge erfuhren zahlenmäßig große Zuwächse und erreichten erstmals über 100.000 Likes pro Posting. Von ihrem selbstveröffentlichten Gedichtband *milk and honey* (2014) verkauften sich in kurzer Zeit mehr als 15.000 Exemplare, was zu einem Vertrag mit Andrews McMeel Publishing führte, wo der Band in einer überarbeiteten Fassung im Oktober 2015 erschienen ist und international vertrieben wird. Bereits am 07.10.2015 berichtet Kaur in einem Posting, dass die Erstauflage bereits vielerorts vergriffen sei und bedankt sich für diese „power of the people" mit einer Text-Bild-Kombination: „It took a community to get here – thank you" (vgl. Abb. 8), in deren Mitte eine (Honig-)Biene abgebildet ist. Bereits in ihrer frühen Instagram-Zeit entwickelt Kaur eine kohärente Ästhetik ihres Profils, die bis heute beibehalten wurde: Text und Selfie/Porträt wechseln sich als Posting beständig ab. Öffentliche Auftritte oder der Austausch mit anderen Prominenten liefern hingegen Material für die Stories, in denen unter anderem auch die Zusammenarbeit mit der Schauspielerin Emma Watson eine Rolle gespielt hat, die Kaur im August 2018 in den von ihr begründeten ›Intersectional Feminist Bi-monthly Book Club‹ *Our Shared Shelf* eingeladen und mit ihr über Literatur und Feminismus gesprochen hat. Allein Kaurs kurzer Video-Beitrag (https://www.instagram.com/p/

BmtOsO3g39s/) zu dieser Veranstaltung wurde auf Instagram über 1,3 Mio. mal angesehen.

Kaurs Weg zu großer Popularität und Millionen verkauften Gedichtbänden ist die leitende Fantasie der Instapoetry, ein Erfolgsmärchen, das die unwahrscheinliche Geschichte einer jungen Frau erzählt, die durch den Glauben an sich selbst und die beharrliche Arbeit und Investition in ihr Schreiben den Weg nach ganz oben geschafft hat – als Einzelfall, der dennoch beweisen soll, dass es alle schaffen können. Die Popularität Instagrams animiert zum Wechsel der Plattform, nicht aber zur Veränderung der Text-Bild-Strategien. Über Rupi Kaurs mediale Zwischenstellung schreibt Cotte: „[S]he has shaped Instagram poetry, but she was shaped by Tumblr." (Cotte 2020, S. 77).

Viele der auf Instagram als *poetry* deklarierten Textbeiträge basieren nicht nur auf Bilddateien, sondern sind auch Bilder in dem Sinne, dass sie grafische Elemente beinhalten oder sogar überwiegend grafisch gestaltet sind, sodass der Text nur ein Element unter mehreren ist. Die Unterscheidung von digitaler Literatur und digitaler Kunst ist dabei nicht immer eindeutig. Sie lässt sich mit Roberto Simanowski treffen, der eine Gattungsunterscheidung zwischen Literatur und Kunst dahingehend für möglich erachtet, „ob der Text in einem gegebenen Phänomen weiterhin als linguistisches Phänomen bedeutsam und wahrnehmbar ist. Dieser Fall rechtfertigt, von ‚digitaler Literatur' zu sprechen. Ist der Text lediglich visuelles Objekt innerhalb einer Installation oder Interaktion, ist hingegen von ‚digitaler Kunst' zu sprechen." (Simanowski 2009, S. 623) Die Verschiebung in den Bereich digitaler Kunst wird indessen vom Unternehmen und durch die vollzogenen technischen Veränderungen forciert. Durch Story und Reel sind zwei Funktionen eingeführt worden, die bewegte Bilder wie Videos, Gifs und Animationen ermöglichen. Insbesondere durch die Konkurrenz zum chinesischen Unternehmen ByteDance und ihrer App TikTok wird der Fokus zunehmend auf die Videofunktionen verschoben – und durch algorithmische Priorisierung befördert. Statische Texte gewinnen nichts, wenn sie in diesen Formaten veröffentlicht werden, außer, dass sie eine ganz bestimmte zeitliche Dimension verpasst bekommen, da sie nur für eine einstellbare Dauer als Story erscheinen. Folgen davon sind gesprochene Texte, animierte Beigaben und sequentielle Textverläufe, die Worte und Verse nacheinander zur Anzeige bringen. In der Story wird allerdings die fortlaufende Selbstthematisierung bildlich fortgesetzt, nicht als kohärente Erzählung, sondern in der „unabzählbaren Vielfalt individueller Geschichten (im Sinne von *stories*)" (Koschorke 2012, S. 30). Auf der Ebene des Profils als kohärenter Struktur können die einzelnen Postings zu einer sich stetig weiter ergänzenden Erzählung aggregiert werden. Aus den Stories hingegen lassen sich nur einige als Highlights dauerhaft verfügbar in das Profil integrieren.

Diese Unterscheidung betrifft vielleicht mehr die Frage disziplinärer Zuständigkeit, weniger die Praxis der Produktion und Rezeption, denn es ist für Produzierende wie Rezipierende selbstverständlich, dass Instapoetry als Bild-Text-Kombination erscheint, bei der das Zusammenspiel der verschiedenen Elemente sich nur in den seltensten Fällen einseitig auflösen lässt. Bild-Texte oder Text-Bilder, die ohne Dualität nicht zu haben sind. Diese Kombinationen sind wie gesagt nicht erst mit Instagram entstanden, bereits auf Tumblr haben die Text-Bild-Assemblagen ähnlich ausgesehen. Es handelt sich hier wie dort um eine digitale Literatur, die nicht digitalisiert wurde, sondern erst unter den gegebenen neuen Möglichkeiten entstanden ist, sie sind also gleichermaßen „born digital" (Winko 2016, S. 4). „Born digital" heißt auch, dass Möglichkeiten wie Folgen der Digitalisierung bereits in die Produktion von Inhalten und ihre formale Gestaltung einbezogen sind, die sich also nicht nachträglich zur Digitalisierung verhalten, sondern integral durch diese geprägt ist. Tumblrpoetry und Instapoetry sind als solche digitale Literaturen daher genuin neu. Bei beiden handelt es sich um Plattformliteratur, die von einem bestimmten Design des Digitalen geprägt ist, indessen aber kaum Bezüge auf andere Formen digitaler Literatur aufweist. Sie mögen Funktionen von Kladden und Notizbüchern, Poesiealben oder Ratgebern übernehmen, sie mögen hier und da mit Telegrammstil oder Dada spielen – konstitutiv für ihre allgemeinen Formen und Verfahren ist dies alles nicht. Instapoetry ist ein (Pop-)Phänomen ohne Teil einer *Retromania* (Simon Reynolds) zu sein, die sich nostalgisch in vergangene Jahrzehnte zurücksehnt, sondern ist auch in dem Sinne genuin neu, dass sie vom Angebot kostenfreier Publizität mit großer Reichweite begeisterten Gebrauch macht, um ,Neues' zu erschaffen. Sie unterscheidet sich dadurch auch von anderen, vor allem früheren Formen der digitalen Literatur, da die unbegrenzte Öffentlichkeit nur ein paar Fingerbewegungen weit entfernt ist – erkauft um das Problem, dass jeder Inhalt immer in Konkurrenz zu unzähligen anderen steht, mit denen um Aufmerksamkeit gestritten wird, denn auch die Zahl der User:innen ist ohne historisches Vorbild. Nie war die Möglichkeit, jede Gelegenheitsnotiz oder jeden knappen Gedanken zu veröffentlichen, größer – und nie wurde so viel Text in so kurzer Zeit zu einem Konglomerat zusammengetragen. Damit ist Instapoetry, zumal in der permanenten Ausstellung ihrer Literarizität – *poetry* dominiert ja den Kosmos relevanter Hashtags – eine neue Form unter neuartigen medialen Bedingungen, die ihre Produktionsverfahren, Aufmerksamkeitsökonomien und

Publikumspraktiken zwar immer neu verhandelt und weiterentwickelt, aber stets als Dichtung deklariert wird.

Denn es darf nicht in den Hintergrund rücken, dass es sich um ein literarisches Phänomen handelt, das von seinen Produzent:innen trotz aller Bilderfülle immer wieder als solches ausgestellt wird. Eine Form von Dichtung, die sofort (instantan) in Szene und vor Publikum gesetzt wird. Instantaneität bezeichnet zum einen also die Veröffentlichungspraxis; ein paar Fingerbewegungen und das Foto eines Textes ist in der Welt. Es kann nun wieder und wieder hervorgeholt, in der Story gefeatured, geteilt oder zu einem späteren Zeitpunkt auch erneut gepostet werden. Instantaneität bezeichnet zum anderen aber auch die paratextuelle Praxis, die aus jedem Text, mag er auch noch so kurz und sicht- wie hörbar ‚unlyrisch‘ erscheinen, einen Beitrag zur Poesie macht: über den performativen Vollzug einer Zuschreibung. Was Verlage mit Büchern anstellen (und was sich keineswegs immer mit dem Willen ihrer Autor:innen decken muss), wird jeder und jedem *instapoet* freigestellt: Die unbegrenzten Möglichkeiten, über das Textfeld und die Verwendung von Hashtags paratextuelle Verortungen vorzunehmen, sich selbst und seine Texte in mehreren, vielleicht ganz verschiedenen Kontexten mit einem # zu verschlagworten. Was diese allgemeine *poetry* im Speziellen sein soll, wird mit jedem Post aufs Neue bestätigt – sie umfasst traditionelle Formen wie Sonette und Haikus ebenso wie die bis zur Beliebigkeit offenen ‚free verses‘, aber auch die als *quotes* oder *thoughts* bezeichneten Sentenzen und Sinnsprüche. In ihrer Gesamtheit umfasst die Instapoetry eine große formale Breite, die der inhaltlichen Vielfalt nicht nachsteht. Der Clusterbegriff ‚Instapoetry‘ wird folglich, da er weder normativ definiert noch von einer internen Instanz in seinen

Anwendungsmöglichkeiten beschränkt wird, mit einer gewaltigen Integrationskapazität verwendet.

Die Tendenz zur Kürze vieler Beiträge ist ein Produkt dieser aufmerksamkeitsökonomischen Lage. Diese Beiträge folgen damit nicht bloß „*dem* kommunikativen Imperativ" (Jäger 2014, S. 21) der Moderne schlechthin, sondern vor allem den Affordanzen von Medium und Nutzungsroutinen, denn „ein Werk [muss] im Markt- und Mediendispositiv unserer Tage sofort funktionieren" (Baßler/ Drügh 2021, S. 99). „Das Warten", so Byung-Chul Han, „gehört nicht zum digitalen Habitus." (Han 2013, S. 36) Immer wieder ist festzustellen, dass kürzere Beiträge zumeist die größte Resonanz erfahren (vgl. Penke 2019, S. 473) – je kürzer ein Text der populären Instapoet:innen ist, desto mehr Likes heimst er ein, wird häufiger kommentiert und weitergeleitet. Dies hat insofern Konsequenzen für die Form, als sich ein bestimmtes Maß einschleift. Auch hier lässt sich ein Rückbezug zur Normalisierungsleistung der Popmusik herstellen, nämlich in Analogie zum 3-Minuten-Format, das sich für Radio und 7″-Singles als das beste erwiesen hat. Komplizierte und umfangreichere Formen haben es daher – ebenso wie ‚überlange' Songs – schwerer. Auf Instagram birgt ‚Länge' quantitative Nachteile. Längere Texte lassen sich nicht auf die Schnelle rezipieren und positiv evaluieren, sondern brauchen mehr Zeit, was wiederum zu einer verringerten Anzahl an Likes und Kommentaren führt. Wer entgegen dieses Kürzeprimats handelt, benötigt einen größeren Aufwand zur Kompensation der Nachteile, etwa über gesteigerte Kommunikation mit anderen Nutzer:innen. Wenn aber mit den Plattformen eine „Einbettung aller Sozialverhältnisse in das so genannte ‚Ökosystem' des digitalen Kapitalismus" vollzogen wird (Vogl 2021, S. 116), dann ist es nur folgerichtig, auch neue literarische

Formen anzunehmen, die sich dieser veränderten Lage anpassen.

Umfangreiche Formen sind ein objektiver Nachteil im Kampf um Aufmerksamkeit. Instapoetry ist daher nicht nur von der Normalität des Digitalen bestimmt, sondern hat insbesondere die Gegebenheiten Instagrams inkorporiert: Die Form gehorcht der Affordanz. Instagrams Geschäftsmodell zielt darauf, die endliche Ressource Zeit an die kapazitären Grenzen menschlicher Wahrnehmung anzunähern, um so viel Input wie möglich ‚verarbeiten' zu lassen, der registriert, geliked oder geteilt wird, um damit Daten über Daten zu generieren. Der Instantaneität entspricht auch das Ideal der automatischen Aktualisierung, denn weder die Veröffentlichung eigener Beiträge, noch ihre Wahrnehmung, Bewertung oder eine Rückmeldung benötigen mehr als ein paar Sekunden. Es geht um Annäherungen an ein Minimum zeitlichen Aufwands, der die Masse des möglichen Beachteten umso größer werden lässt. Die Gegenprobe fühlt sich komisch an. Versuchen Sie, zehn Minuten oder länger vor einem Instagram-Bild zu verweilen, lesen Sie ein Instapoem wieder und wieder – und widerstehen Sie der Verlockung, weiterzuscrollen. Schnelligkeit und Fülle provozieren den Bruch mit traditionellen literarischen Lesegewohnheiten, die in Schule und Universität eingeübt werden.

Unter diesen Vorzeichen ist Instapoetry eine Poesie der unmittelbaren Gegenwart. Eine extrem kurze Literatur im Angesicht eines verknappten Zeithorizonts, die zugleich in einem Fccd erscheint, der das Neue in nahezu unendlicher Vielzahl sekündlich zu aktualisieren vermag. Der Feed gleicht einem durch Fingerbewegungen angetriebenen Fließband, das Beiträge ganz unterschiedlicher Art beständig zur sekundenschnellen Bewertung vorbeifahren lässt und registriert, was verfängt und was nicht. Die Texte der Instapoetry sind in ihrer Mehrheit sowohl auf dieses spezifische Medium wie auf die Lese- und Bewertungspraktiken hin verfasst. Das Resultat ist eine umfassende Transformation der lyrischen Literatur. Dies gilt zum einen für die Medienspezifik in technischer Hinsicht, aus der sich die skizzierten Nutzungsroutinen ergeben haben, zum anderen aber auch für die soziale Komponente. Werden Tagebücher und Kladden meist nach dem Grundsatz des *mihi ipsi scripsi* („ich schrieb es für mich selbst", Nietzsche) verfasst, führen allgemein zugängliche Plattformen wie Instagram dieses Prinzip in Versuchung, sie verführen zu einer (schriftlichen) Selbstentblößung vor einem unkalkulierbaren Publikum. Jede Erfahrung, jedes Gefühl kann artikuliert werden – und sehr vieles wird, scrollt man sich durch die schmerzlichen Bekenntnisse, auch artikuliert.

Dabei stellt sich die Frage, wann ein Text hinreichend qualifiziert ist, um als Gedicht deklariert und als ‚richtige' Literatur gelten zu können. Die österreichische Autorin Stefanie Sargnagel, die selber zunächst auf Facebook in Erscheinung getreten ist und Instagram erst später zu einem ihrer Kommunikationsmedien gemacht hat, ohne allerdings zur dort publizierenden Instapoetin zu werden, fragt am 11. Januar 2016: „Ab wann / geht eigentlich / 1 Text / als Gedicht / durch?" (Sargnagel 2017, S. 113) Prägnante Definitionen setzen zumeist einen bestimmten Fokus, was wiederum die Reichweite dieser Definitionen entweder stark begrenzt oder besonders umfassend macht. Zieht man einige prominente Bestimmungen heran, dann haben wir es bei Instapoetry zweifellos mit Formen von Lyrik zu tun. Achim Hölter hält den Kontext für entscheidend, denn „[e]in Gedicht kommt selten allein; die formale Umgebung lyrischer Texte sind zuallermeist lyrische Texte" (Hölter 2016, S. 107). Ob in der Profil-Struktur oder unter den zahlreichen Hashtags bestätigt sich diese „formale Umgebung" in Gestalt ähnlicher Texte tausendfach. Dieter Lamping hingegen bestimmt das Gedicht als „Einzelrede in Versen" (Lamping 2000, S. 63), betont also einen monologischen Textstatus, der als „absolute Rede im Unterschied zu situationsgebundener Rede" steht (Fricke/Stocker 2000, S. 499). Die Absolutheit der Einzelrede ist bei vielen Beiträgen der Instapoetry nur bedingt gegeben. Im Zusammenhang mit anderen Texten derselben Urheber:innen oder unter einem bestimmten Hashtag stehen diese in Strukturzusammenhängen, die Monolog und Einzelrede überschreiten, die sich in ein polyphones Sprechen einschalten oder immer wieder in enger Bindung an die eigene Person aufs Neue ansetzen. Die Situationsgebundenheit ist es auch, die Texte konkretisiert, kontextuell einbindet und ermöglicht, dass diese ad hoc verständlich werden. Als situationsgebundene Rede sind etwa jene Texte zu verstehen, die @Ringbahnpoesie postet (Abb. 2), kurze Texte aus dem Berliner ÖPNV und seinen Fahrgästen, die eine Form „ubiquitärer Literatur" darstellen (Schulze 2020), die zwischen illustrativ erweiterten Sentenzen, Kurzdialogen und Gelegenheitsgedichten verschiedene Textformen umfasst, wie das „schlachtbankhaiku" vom 12. Januar 2020.

Neben Form, Rhythmus, Klang und performativen Elementen ist auch die Anrede Abwesender eine mögliche Bestimmung, die durch das Gedicht ‚beschworen' werden. Jonathan Culler spricht von einer „Beschwörung abwesender oder nicht-menschlicher Adressat:innen" („invocation of absent or nonhuman addresses"; Culler 2015, S. 8), die allerdings in einer paradoxen Rollenverteilung, einer „triangulierten Adressierung" („triangulated address", ebd.) vollzogen wird: Das Publikum wird dadurch angesprochen, dass es in der Ansprache über das ‚Du' als etwas anderes identifiziert wird – als Gott, Naturgewalt, Geliebte:r, Vater, Mutter oder Kind. Die Illustration allerdings macht nicht

Abb. 2   @ringbahnpoesie, 12.01.2020

uns als Angesprochene zum adressierten Du, sondern delegiert diese Rede an zwei Füchse, die vollführen, was die drei Zeilen ansprechen.

Zugegeben, dieses Beispiel und der dahinterstehende Account sind eine Ausnahme. Situationsgebunden kann, wie bereits angedeutet, noch mehr bedeuten, wenn die Situation ein fortlaufender Rede-Zusammenhang ist, der über den Account vollzogen wird. Der Eindruck der fortgesetzten Rede, dass also jeder neue Text wieder und wieder demselben sprechenden Subjekt zugerechnet wird, verdankt sich der engen Verknüpfung von Autor:in und Text, von Leben und Werk. Trotz der literarischen Sublimation behauptet die Kopplung von Person und Gedicht Authentizität. Eine Form von Authentizität, die sich als die „Identität eines Individuums mit sich selbst" verstehen lässt (Bauer 2018, S. 71). Die Grundfrage jeder Gedichtinterpretation ,Wer spricht?' wird somit instantan beantwortet – dies ist nämlich für gewöhnlich die Person, die sich im Profilbild zu erkennen gibt oder, wenn nicht abgebildet, so doch zumindest als *xyz_thePoet* oder ähnlich hinter dem Account-Namen steht. Wenn es bei der Lektüre und Analyse darum geht, die Situation und Motive der Sprechinstanz zu rekonstruieren, Rhythmus- und Klangmuster, intertextuelle Beziehungen (also direkte Text-Bezüge auf andere Gedichte ebenso wie übergeordnete Bezüge auf Gattung und Genres) herauszuarbeiten, dann werden Texte, für deren Verständnis all dies nicht notwendig ist, voraussetzungslos verstehbar, geradezu konsumierbar, weil es kaum eine Irritation und eine dadurch bedingte Verzögerung des Verstehens gibt. Es handelt sich dann in der Mehrheit um solche Texte, die sich bereits beim ersten Lesen problemlos verstehen lassen, die allerdings auf vieles verzichten, was lyrische Texte gemeinhin schwierig machen *könnte*. Verschiedene Isotopieebenen, unbekannte Metaphern, Ellipsen und Sprünge, und die nicht immer leicht zu klärende Frage, wer oder was sich dort überhaupt artikuliert, aus welcher Perspektive, vor welchem Hintergrund über welche Eindrücke oder Ereignisse gesprochen wird. Die Einfachheit der Instapoetry liegt vor allem in dieser Eindeutigkeit begründet – wer spricht, ist klar, denn sie wird als kaum verstellte Rede jenes Individuums verstanden, das dem Account Name und/oder Gesicht gibt. Eine poetische Distanz zwischen dichtender Person und Gedicht wird vermieden. Das ‚authentische' Werk stellt eine „Eindeutigkeitsrelation zwischen Künstler und Werk" her, sodass das Werk als „unverfälschter Ausdruck des wahren Ichs" erscheint (Bauer 2018, S. 70).

In cinr Umfrage in den Stories von @adorawilliamspoetry (Abb. 3), die nach dem besten Gegenstand der Instapoesie fragte, bestätigte sich dieser Fokus, der zu einhundert Prozent „The Self", das eigene Ich thematisieren solle. Die möglichen W-Fragen stellen sich dann allesamt nicht.

Abb. 3 @adorawilliamspoetry, Umfrage in der Story, 16.06.2021

Eine solche Authentifizierung wird über die Person vollzogen, die das, was sie veröffentlicht oder – wie in Analogie zur Popmusik, live performed –, auch erlebt hat oder zumindest so glaubwürdig verkörpert, dass weder Fiktionssignale ausgesandt werden noch Zweifel aufkommen. Ein derart gerahmter Text erscheint als ungebrochene Ich-Aussage, die eine radikale Absage an Ambivalenz und Ambiguität bedeutet. Damit partizipiert Instapoetry an einem weit umfassenderen Trend – oder profitiert maßgeblich davon, dass sich entsprechende Erwartungen an kulturelle Erzeugnisse unterschiedlicher Art bereits eingestellt haben: eine *„Vereindeutigung der Welt"*, die der Islamwissenschaftler Thomas Bauer beschrieben hat. Bauer konstatiert einen weitreichenden Rückgang der Ambiguitätstoleranz, was dazu führe, dass Vielfalt und Komplexität nicht mehr als Bereicherung empfunden werden, was insbesondere für die Künste gravierende Folgen habe. „In vielen Lebensbereichen – nicht nur in der Religion –", so Bauer, „erscheinen deshalb Angebote als attraktiv, die Erlösung von der unhintergehbaren Ambiguität der Welt versprechen." (Bauer 2018, S. 30) Bauer sieht dies den globalen Zusammenhängen der „kapitalistische[n] Wirtschaftsweise" geschuldet, denn diese benötige

> „weniger das autonome als vielmehr das authentische Subjekt. Das authentische Subjekt findet seine Erfüllung in der Stillung seiner authentischen Bedürfnisse im Konsum. Deshalb muss das, was für Schokoriegel gilt, auch für Kunst gelten. Auch Kunst, die vor dem authentischen Subjekt Bestand haben soll, muss konsumierbare Kunst sein. Kunst, die langes Nachdenken, stundenlange Kontemplation, gar eine lebenslange Auseinandersetzung mit einem Werk nach sich ziehen könnte, hat keinen Platz. Deshalb ist auch Kunst, die auf den ersten Blick kritisch, gar kapitalismuskritisch zu sein scheint, letztlich doch nur affirmativ, nämlich dann, wenn sie den Authentizitätsdiskurs bedient." (ebd., S. 68)

Bauer spricht zwar an keiner Stelle seines Buches über Instagram und Instapoetry, übertragen lassen sich seine Beobachtungen dennoch, denn sie beschreiben aus anderer Perspektive die Ausgangsbedingungen für den Instagrammismus und den *neoliberal self(ie) gaze*. Dass Authentizität als „höchstes Ideal" (ebd., S. 68) der erfolgreichen Instapoetry gehandelt wird, bestätigt sich an den

Accounts von Rupi Kaur, R.M. Drake und Yrsa Daley-Ward. Die Prätention von Wahrhaftigkeit ist notwendig, vielleicht ist sie sogar die wichtigste rhetorische Geste, um die eigentliche Anonymität und Distanz von Autor:in und Publikum zu überbrücken, um jene Eindrücke der direkten, geradezu intimen Verbundenheit zu erzeugen. Die „Authentizitätserwartung" ist deshalb so relevant, weil „sie ein Minimum an Vertrauen schafft" (Stalder 2021, S. 142), indem sich ein „authentisches Selbst", das seine Innenwelt nach außen kehrt, nicht essentialistisch, sondern vor den Augen der vielen Follower:innen performativ zur Geltung bringt. Die Introspektion aber gilt nicht länger der „Selbsterkenntnis", sondern zielt auf fortlaufende „Selbstmotivation" ab (ebd., S. 143). Die Motivation bezieht sich vor allem auf das, was als Trauma überwunden werden soll. Authentizität und Authentizitätsbehauptung bilden zudem die Phalanx im performativen Kampf gegen den weit verbreiteten Vorbehalt, dass alles, was über Social Media im Allgemeinen und Instagram im Besonderen verbreitet wird, nicht bloß digital bearbeitet, sondern gefaked und inszeniert sei, dass weder Bilder noch Inhalte der Realität entsprächen. Mit dem Aufweis, dass dies nicht immer und überall der Fall ist, arbeiten sich nicht wenige Instapoets ab, um das Verdikt, alles sei in gleich mehrfacher Hinsicht nicht authentisch und unecht, mit der fortlaufenden Beteuerung ihrer Authentizität Lügen zu strafen.

Dies gilt auch für die Materialität der Dichtung und des Schreibens, die ebenfalls mit dem Attribut des Authentischen versehen werden. Instapoetry ist eine digitale Literatur, die analoge Trägermedien zwar nicht benötigt, aber dennoch einsetzt und ihre Materialität häufig ausstellt. Es handelt sich um eine nostalgische „Vintage-Ästhetik" (Pâquet 2019, S. 299), die sich an Schreibgeräten und -materialen bedient, die den Index des medientechnisch Vergangenen tragen. Nicht nur in den Profilen der führenden Instapoets sind zahlreiche Authentizitätssignale zu finden, die auf die Verwendung (vermeintlich) nicht-digitaler Materialien und Medien hinweisen, sondern es ist geradezu Markenzeichen vieler Verfasser:innen von Instapoetry, einen eigenen schreib-materiellen Stil zu finden und zu kultivieren (Abb. 4).

Notizbücher, verschiedene verwendete Farben und händische Zeichnungen vor wechselnden Unterlagen, doch insbesondere die Hände fungieren als Authentizi-tätssignale, die den Ursprung des jeweiligen Texts in einem außer-digitalen Setting beweisen. Es wurde wirk-lich geschrieben, gemalt und so gefühlt, wie Text und Illustration es ausdrücken. Auch Robert Marcias alias R.M. Drake (@rmdrk) stellt seine Schreibgeräte und -materialen wiederholt aus. Mit über 2,8 Mio. Followern auf der Grundlage von über 7100 Beiträgen (Stand Juni 2022) zählt er zu den populärsten Instapoets. Nach-dem er den Einsatz der Filter aufgegeben hatte, wurden seine kurzen Texte häufig mit Zeichnungen versehen, die vor allem menschliche Gesichter und Körper zeigen, die teils einzeln, teils in Zweisamkeit, seine Texte rahmen. Die Fotos seiner ‚mittleren Phase‘ enthalten wieder-holt schmückende Bildelemente wie Rosen, Tee- und Kaffeetassen, Dielenfußböden oder auch Haustiere, die mitunter vor dem Hintergrund von Strand- oder Garten-szenen erscheinen. Dies sind Motive, mit denen Drake zunächst an die Bildsprache der Bookstagramm- und der Shelfie-Communities anknüpfte (vgl. Schneider 2018), deren ästhetische Affinität zum Nicht-Digitalen seine Fotos teilen. Diese nostalgische Rückwendung kommt besonders dann zum Ausdruck, wenn die Nähe zur ana-logen Fotografie gesucht und nachgeahmt wird. Wieder-holt stellt Drake (medial gebrochene) Bezüge zur Ästhetik von Polaroid-Fotos her, wiederholt postet er auch Fotos

Abb. 4   @thetypewriterdaily, Postings 26.02.–26.03.2019

von Polaroid-Kameras (z. B. am 30.05.2018). Das eigentlich Obsolete wird wiederbelebt, nicht als nostalgisches
Artefakt, sondern als eines, das weiterhin in Benutzung
ist, als Nachweis einer zeitlosen Qualität. Dies gilt auch
für sein (vermeintliches) Schreibgerät. Am 29.11.2013
postet er das Bild einer Royal-Schreibmaschine aus den
1940er Jahren, die auch am 10.12. sowie am 11.12.2013
im Zentrum seiner Postings steht. Am 20.01.2014 zeigt er
eine Rover 5000 Comfort Matic aus den 1970er Jahren,
bei der es sich ebenfalls um ein von ihm verwendetes
Gerät handeln soll. Anders als Rupi Kaur bemüht sich
Drake nahezu durchgängig um solche nicht-digitalen
Objekte, die er für seine Follower in Kombination mit
seinen Texten inszeniert. Seit 2021 jedoch sind alle neuen
Texte Drakes streng minimalistisch gestaltet und bestehen
nur noch aus schwarzem Text vor einem weißen Hintergrund.

Drake ist jedoch nicht der einzige, der Schreibmaschinen in den Fokus seiner Schreibinszenierungen
gestellt hat, auch bei weiteren prominenten Instapoets
wie Christopher Poindexter, JM Storm, J. Iron
Word, MvDarkLight oder The Poetry Bandit werden
typewriter-retro-aesthetics gepflegt. Diese Strategie, durch
forciert „kunstlose[]' Repräsentationen" (Gamper/Mayer
2017, S. 16) nicht nur Authentizitäts-Effekte zu erzielen,
sondern auch die Distanz zwischen sich und seinem
Publikum zu reduzieren, scheint auch dann erfolgreich
zu sein, wenn Instapoets wie Drake persönlich fast vollkommen unsichtbar bleiben.

Aber nur in der direkten Verknüpfung mit der schrei-
ben-den Person kann die Authentifizierung tatsächlich
glaubhaft werden, da sich Bilder von Schreibmaschinen,
Griffeln und Kalligrafien wie auch die (scheinbar) auf
organischem Material basierenden Hintergründe, die

Notizbücher, Pergamente, Rauhfasertapeten oder Post-Its, auch mittels frei verfügbarer Stockfotos als Hintergründe für den darüber zu arrangierenden Text einstellen lassen. Eine eindrucksvolle Handschrift kann technisch imitiert sein, eine ramponierte Wand einem Stockfoto entspringen – die Unterscheidung ist nicht nur unmöglich, sondern sie wird geradezu obsolet, da sich weder eine Materialprüfung vornehmen lässt, noch Fragen wie diese überhaupt ins Gewicht fallen. Wenn es um die Wirkung und die Assoziationen geht, die durch eine solche Vintage-Ästhetik ausgelöst werden, nicht aber um die kritische Prüfung, zu welchen Anteilen ein Instapoem aus welchen Elementen zusammengesetzt ist, dann dominieren Authentizitäts-effekte, die einen Anspielungsraum eröffnen, der lediglich die Bedingung erfüllen muss, sich nicht von ungeschulten Augen als fingiert durchschauen zu lassen.

Wichtig ist der Anspruch auf Authentizität noch in einer anderen Beziehung. Wer Authentizität behauptet, stellt das eigene Verhalten als selbstbestimmt aus und signalisiert damit, dass er nicht an Wünschen oder gar Anweisungen anderer orientiert ist, sondern allein dem eigenen Wollen gehorcht. Authentizität behauptet eine Selbstmächtig-keit im Angesicht der medialen Determination, die im Wechselspiel mit dem Affordanzcharakter von Plattform und Community daher besonders vehement performiert werden muss, weil sie so vielen Zwängen unterworfen ist. Es kommt auch hinzu, dass Selbstmächtigkeit in relevantem Bezug zu den Inhalten Missbrauch, Verlust, Angst oder Depression steht, deren Stigma und Lethargie dadurch angefochten werden, dass sich das sprechende, dichtende Ich aus seinem Schweigen erhebt. Die „Erfolgs-geschichte" (Saraswati 2021, S. 7) zeichnet sich gerade durch diese Aktivierung aus, das unablässige Bemühen, sich gegen Trauma und Stigmata zu behaupten und damit ‚empowernde' Signale auszusenden.

Der Zusammenhang von Autonomie und Werk taucht allerdings noch in einem ganz anderen Zusammenhang auf. Dieser betrifft das Buch, das gedruckte Buch als materielle Tatsache, das im Zuge der Printveröffentlichungen von Instapoesie zudem ein immer größerer Bestandteil des Contents der führenden Instapoet:innen geworden ist (Abb. 5). Das gedruckte Buch ist dabei keine Volte eines neuen Luddismus, der maschinenstürmerisch gegen die wachsende Vorherrschaft von Tablets und Smartphones gerichtet ist, sondern sowohl ökonomisch als auch durch das Bestreben nach mehr Unabhängigkeit bestimmt. Produktionsseitig ist es neben den rekursiven Schleifen des potentiell unendlichen Prozesses aus Posting, Beitragshinweis in der Story,

Abb. 5 Buchcover, v.l.u.n.o.r. Rupi Kaur, Caroline Kaufman, R.M. Drake, Atticus, Clara Louise, Nikita Gill, Lang Leav

Repostings des eigenen Beitrags und solcher, die sich auf diesen beziehen, der Umschlag zur Buchveröffentlichung, der auf Seiten der Autor:innen Beständigkeit verheißt. Und es ist ein Ausweg aus der Gratiskultur Instagrams. Die instabile Veröffentlichung als Posting kann zwar auch durch Screenshots gesichert werden, die aufgrund individueller Präferenzen der User:innen entstehen, doch der Wechsel ins Medium des Buches ist eine Sicherung, von der beiderseitig profitiert werden kann. Nicht nur Autor:innen, die aus den Verkäufen direkte monetäre Einnahmen beziehen, auch die Leser:innen gewinnen die Sicherheit, dass ihre Lieblingstexte dauerhaft erhalten bleiben. Dass es ohne Buch schnell anders aussehen kann, zeigt das Beispiel Nayyirah Waheeds, die 2017 noch als „perhaps the most famous poet on Instagram" deklariert wurde (Henderson 2017). Ihr Account, der zeitweilig fast eine Million Follower besaß, verwaiste zusehends und zeigte schließlich nur noch Werbung an, die Gedichte aber waren verschwunden. Der Account (@nayyirah.waheed) wurde mittlerweile gelöscht. Waheeds Texte zirkulieren zwar wie der Hashtag #nayyirahwaheed anzeigt noch zahlreich (01/2022: über 92.000 Beiträge), aber fixiert sind die Texte in definitiven Fassungen in den beiden Bänden *salt.* (2013) und *Nejma* (2014), die als Selbstpublikationen über CreateSpace, heute Teil von Amazon, veröffentlicht wurden und weiterhin über den Versandhändler vertrieben werden. Verheißt das Buch Unabhängigkeit von einer Plattform, führt Waheeds Strategie durch Veränderung der Verlagssituation allerdings in die Verstrickung einer anderen, dem proprietären Markt auf Amazon. Andere Instapoets hingegen veröffentlichen bei Andrews McMeel Publishing; neben Rupi Kaur unter anderem auch Diego Perez (@yung_pueblo, 1,9 Mio. Follower) und Amanda Lovelace (@ladybookmad, 105.000 Follower).

Das Buch als physisches Medium gilt als wertbeständig und kulturtraditonell, es ist aber neben dem Verkauf von Sekundärprodukten (T-Shirts, Poster, Aufklebetattoos u. ä.) auch der direkteste Weg zur Monetarisierung der eigenen Beachtungserfolge. Dies ist, vor allem wenn die Instapoetry als Literatur ernstgenommen ist, ein Indikator für den Erfolg in den sozialen Medien, der auch daran gemessen werden kann, dass der Sprung in die traditionellen Massenmedien und/oder öko-nomisch verwertbare andere Kapitalformen gelingt (vgl. Shifman 2014, S. 102). Das Buch stellt auf der Basis quantitativer Erfolge also einen qualitativen Sprung dar. Zudem verheißt es Entschleunigung als Entlastung von den Routinen der Plattform. Beispielhaft wird dies unter anderem beim handgeschriebenVerlag, der den Anspruch „Worte greifbar" zu machen und „Poesie [zu] konservieren" mit „Entschleunigung, für Durchatmen und Echtsein" verbindet (vgl. https://handgeschrieben-verlag. com/).

Das entscheidende Argument für die Buchform ist aber die Autonomie von der Plattform und, damit verbunden, die Unabhängigkeit von den jeweiligen Präferenzen des Algorithmus und den potentiellen Neuerungen des Betreibers. Das Buch dient zur Konservierung des ‚Werks‘, das, solange es nur im Account besteht, hochgradig prekär ist. Ein Account kann nicht nur gehackt werden, auch sind Eingriffe durch den Betreiber in Form von Löschungen einzelner Beiträge, der Einschränkung des Zugangs und bestimmter Funktionen möglich, wie z. B. dem Shadowban, der nach der Verwendung gesperrter Hashtags, dem Vorwurf oder tatsächlichen Einsatz von Bots, aufgrund der Meldung von ‚unangemessenen‘ Inhalten, die Sichtbarkeit des Accounts drastisch ein-schränken kann. Auch die vorübergehende Sperrung oder dauerhafte Löschung des gesamten Accounts sind möglich. Das literarische ‚Werk' wäre im Falle von Sperrung oder Löschung verschwunden. Dies betrifft auch die Followerzahlen, die als eine Form inkorporierter Popularität verstanden werden können, die sich allerdings nur mittelbar an die Person knüpft, primär aber dem Account auf der Plattform zugerechnet werden und daher nicht transferierbar sind. Naji hat darauf hingewiesen, wie prekär manche Formen der digitalen Literatur sind, die durch die Abschaltung von Betriebssystemen oder Plattformen zu existieren aufhören würden (Naji 2021, S. 6).

Das Buch ist also Garant einer analogen Beständigkeit gegenüber der digitalen Fluidität. Das Buch konserviert unabhängig von der Plattform. Dabei sind wiederum solche Bild-und-Text-Kombinationen von Vorteil, die unterschiedslos, also ohne Wegfall bestimmter Elemente und Funktionen, gedruckt werden können. In jedem Fall wird der offene Prozess stillgestellt, die Textumgebung mit Ausnahme von Illustrationen und Rahmungen abgeschnitten. Im Buch verschwinden die sichtbaren Rückkopplungsmechanismen: Die Herzchen, Likes und Kommentare wandern nicht mit. Das Buch ermöglicht daher eine andere Rezeptionshaltung – oder erzwingt diese sogar –, die nicht auf die wenigen Sekunden beschränt ist, die nicht permanent durch eine Vielzahl anderer Beiträge durch Zahlen und Kommentare, die immer mit ihm Bild sind, zur Ablenkung oder Mitverrechnung provoziert werden, sondern Zeit geben, auf einer Seite zu bleiben und die jeweiligen Gedichte für sich, aber auch im Kontext eines ‚Werk'-Zusammenhangs auf sich wirken zu lassen. Werkhaftigkeit gewinnen die Gedichte auch dadurch, dass durch die Fixierung einer Reihenfolge und Gesamtkomposition zeitliche Abfolgen entstehen, die Ursprünge und Entwicklungen deutlich machen, die in der Ordnung der Texte im Profil so nicht vorhanden waren. Rupi Kaurs Bücher machen dies deutlich. *Milk and Honey* (2014) ist nach vier Kapiteln gegliedert, die über *hurting, loving, breaking* und *healing* die Folgen der initialen Versehrungen bearbeitet, um schließlich die positive Selbsterfahrung und Bewusstwerdung des empfindsamen Ichs an ein optimistisches Ende zu führen, das im Zeichen der ‚Heilung' steht und eine Überwindung der traumatischen Erfahrungen verheißt. Eine Überlebensgeschichte, die Trost spenden kann. Ihr zweites Buch *Sun and her Flowers* (2017) vollzieht mit *Wilting, Falling, Rooting, Rising* und *Blooming* eine ähnliche prozessuale Entwicklung. Kaurs Bände sind daher mehr als beliebige Zusammenstellungen von Gedichten, die bereits digital verfügbar waren, sondern jeweils ein neues, eigenes Werk – auch wenn es, wie viele der euphorischen oder vernichtenden Rezensionen auf der Katalogisierungs- und Bewertungsplattform Goodreads andeuten, selten ohne den Bezug auf Kaurs Instagram-Aktivität gelesen und bewertet wird. Das gilt sowohl für die Vorwürfe der Flachheit und Formlosigkeit wie für das emotionale *attachment,* das die Texte zur Begeisterung vieler Leser:innen auslösen. Kaurs Band steht dort insgesamt sehr gut da, er kommt auf eine Bewertung von 4.03 (von 5.0 möglichen) Sternen, 485.077 Bewertungen und 33.886 Reviews (Stand Januar 2022). Als Top-Reviews kommen vor allem solche zur Anzeige, die am meisten Reaktionen ausgelöst haben, also ihrerseits bewertet oder kommentiert worden sind. Alafiya fragt am 03.02.2017 in Versform:

> „So if I write my review
> like this
> will it
> automatically
> become poetry?" Alafiya (2017)

Es ist auffällig, dass die Reviews mit den höchsten Zustimmungszahlen entschieden negativ sind und nur einen oder zwei Sterne vergeben. Sie wundern sich über die Form, die ihnen willkürlich erscheint, und sind befremdet von den hochemotionalen Bekenntnissen. Könne diese Art Dichtung einem Qualitätsvergleich mit Robert Frost oder Emily Dickinson standhalten? Die Mehrheit der begeisterten Fünf-Sterne-Reviews fällt hingegen kurz aus und verzichtet zumeist auf Analysen und Begründungen. Stellvertretend für die vielen, die sich emotional berührt fühlen und deshalb so überaus begeistert von Kaurs Dichtung sind, schreibt User Thomas am 18.10.2015: „milk and honey tore through my analytical mind and burrowed deep into my ultra-sensitive soul. It slayed all my emotions, my feminist desires, and my love for vulnerable writing. I may not know a lot about poetry, but I do know a decent amount about feelings, and Rupi Kaur brought all my feelings tumbling out with this gorgeous collection of poems. She writes about love and loss, trauma, and femininity – subjects that I so happen to adore." (Thomas 2015) Die Expertise, um das Buch und seinen Inhalt richtig bewerten zu können, stammt nicht aus der Beschäftigung mit Gedichten, sondern aus dem Wissen um Gefühle. Empfindsamkeit statt Analyse, emotionaler Einklang statt Zergliederung zeichnet diesen Zugang aus. Zur Community gehört folglich, wer diesen Modus einnimmt, denn ihre zentralen Bezugsattribute sind Emotionen, deren Resonanzfähigkeit über die Zugehörigkeit zur Gefühlsgemeinschaft entscheidet.

Unabhängig davon, welchen der angesprochenen Aspekte man heranzieht, ergibt sich das Bild einer hochgradig fremdbestimmten, also heteronomen Dichtung, mit der eine Reihe von sehr konkreten und starken

Zwecken verbunden ist. Dadurch handelt es sich zwangsläufig um Texte, die von einer stark pragmatischen
Komponente bestimmt sind. Im Sinne strenger
Definitionen, etwa Roman Jakobsons, wären weite
Teile der Instapoetry überhaupt nicht im engeren Sinne
poetisch, denn es steht nicht die selbstreferentielle, als
Literatur auf sich selbst verweisende Sprache im Zentrum,
sondern es sind in unterschiedlichen Konstellationen
stets die Wechselbeziehungen von Medialität, Ästhetik,
Publikum und der jeweiligen Problemansprache. Es geht
um Zurechenbarkeit, um Identifizierung von Aussagen
und Personen. Verständlichkeit und Eindeutigkeit sind
daher sowohl für das Bestehen im allgemeinen Kampf
um Aufmerksamkeit wie auch für die Inhalte wichtig,
die möglichst ohne Irritationen klar und authentisch
kommuniziert werden sollten. *Trigger Warnings* und
Content notes, wie sie u. a. von Nikita Gill (@nikita-gill)
verwendet werden, haben neben der Warnung den Effekt
einer solchen starken Vereindeutigung (Abb. 6).

Der Hinweis auf „mentions of eating disorders,
fatphobia" stellt auf Seite des Inhalts Eindeutigkeit her,
denn der nebenstehende Text soll Essstörungen und
den Hass auf fettleibige Menschen thematisieren. Das
im Titel angesprochene Gewicht wird damit allein auf
seine physische Komponente beschränkt. Es gibt kein
Rätsel, was in einer Szene vorgestellt wird oder ihr unaus-
gesprochen zu Grunde liegt, sondern die Erfahrung von
Missbrauch, Angst oder Krankheit wird dem Text voran-
gestellt. Diese Warnfunktion, die polemisch als Über-
empfindlichkeit verlacht wird, tut aber noch etwas
anderes, wenn nicht über das Geschehen oder das
Geschehene spekuliert werden muss: der Form kommt
damit umso stärkere Bedeutung und größeres Augen-
merk zu. Darin liegen auch die möglichen Unter-

Abb. 6   @nikita-gill, What I Weigh, 16.07.2021

scheidungen, in welchem Modus sich mit den Texten als Texten etwas anfangen lässt. Werden sie überwiegend oder ausschließlich als Angebote zum Mit- oder Nachfühlen, zur emotionalen Identifikation und Bestätigung rezipiert oder kann auch der sich elaboriert wähnende philologische Geist mit Stilbewusstsein und Willen zur Formkritik etwas an ihnen finden, das der Beachtung und Beschäftigung würdig erachtet wird? Viele Texte legen allerdings auch keinen Wert darauf, in einer solchen zweiten, ‚professionellen' Weise gelesen zu werden, bei der allein ein ästhetischer Rezeptionsmodus eingenommen wird. Auch wenn Nikita Gill der Form Bedeutsamkeit zuweist, agiert sie primär als Vertreterin einer Diskursposie, die ihre Anschlüsse nicht in ästhetischen Traditionen, sondern in aktuellen Debatten sucht. „I Weigh" begann als ein Social Media-Post und entwickelte sich zu einer Mental Health-Bewegung, an die Gill mit ihren Texten andockt, deren Positionen und Ziele sie diskurspoetisch weiterträgt. Obwohl diesen Texten eine sehr konkrete Funktion zugewiesen wird, wird ihre Markierung als *literarisch* durch Form und Epitext aufrechterhalten.

Gefühlsgemeinschaft, *Selfcare, Healing*

Instapoetry wird über das Wechselspiel von Produktion und Rezeption erzeugt. Authentischer Gefühlsausdruck auf der einen Seite, der über die Person und ihre Körperlichkeit beglaubigt wird, auf der anderen Seite ein Publikum, das diese Angebote bereitwillig annimmt, bestätigt und sich über sie zu einer distinktiven Community vergemeinschaftet. Da trotz der hohen Umlaufgeschwindigkeit bislang weder die „Zirkulation sozialer Energie" (Greenblatt 1988, S. 19) noch das Interesse erlahmt sind, ist das Phänomen Instapoetry stabil. Geteilte kollektive Träume, Begehrnisse, Ängste und die mit ihnen verbundenen „Erfahrungsintensitäten" (ebd.) konstituieren ein Zentrum, auf das sich die Teilnehmenden beziehen.

Eine Bedingung dafür, dass dies gelingen kann, ist die wechselseitige Bestätigung von Text und seiner designierten Aussage durch ein Publikum. Dies setzt voraus, dass Texte produktionsseitig so angelegt sind, dass

N. Penke, *Instapoetry,* Essays zur Gegenwartsästhetik, https://doi.org/10.1007/978-3-662-65546-7_4

sie rezeptionsseitig eine intendierte Wirkung erfahren können – es muss also eine deutlich kommunizierte Intention angelegt (und häufig sogar offen ausgestellt) werden, damit klar ist, worum es geht und welche Art des Sich-Angesprochen-Fühlens die richtige ist. Hashtags spielen im Zusammenhang mit der Vereindeutigung eine wichtige Rolle. Empathie und Sympathie zielen auf Identifikation mit dem Geschriebenen, eine Praxis der identifikatorischen Lektüre bzw. Rezeption ist die Folge. Mit der affektiven Intentionalität muss eine Affektpoetik einhergehen, ein Wissen um das Arsenal der bildtechnischen und textlichen Möglichkeiten, um bestimmte Wirkungen erzielen zu können. Dies kann ein allgemeines Interesse (#interesting) sein, stärker aber noch sind Sehnsucht, Euphorie und Mitgefühl als Trigger geeignet, um ein solches emotionales Attachment auszulösen. Dabei gilt es, das Kunststück zu vollbringen, allen den Eindruck zu vermitteln, als Einzelne, in ihrer individuellen emotionalen Verfasstheit angesprochen zu werden und zugleich in (der Fiktion) desselben Gefühls teilhaftig zu werden wie ganz viele, geradezu *alle* anderen auch. Die Bestätigung dafür liefern die unzähligen Herzchen und Emojis in den Kommentarspalten, die durch persönliche Bekenntnisse ergänzt werden, wie sie sich auch in den Rezensionen bei Goodreads und Amazon wiederfinden – sie verleihen dem entschiedenen Nachdruck, dass ein *poem* oder *poet* genau das ausdrücke, „what we all feel" (Hodgkinson 2019).

Der Like-Button, aber vor allem die Kommentarsektionen sind es, „wo der Affekt (Liebe, Leidenschaft, Trauer, Sehnsucht und Verlangen) das Sein verbürgt" (Barthes 2019, S. 124). Allerdings ist dieses Rückmeldeverhalten nicht die Ausnahme, sondern, wenn man durch die Kommentarbereiche unter vielen verschiedenen Instapoems schaut, die Regel. Es ist nicht das eine Gedicht, das die eigenen Erfahrungen und Lebenssituationen mit Sinn erfüllt und transzendiert, sondern es sind die vielen Texte, die negative Erlebnisse und optimistische Perspektiven in Persistenz aussprechen, die immer wieder auf dieselbe Weise bestätigt werden. Texte, zumal Gedichte, die auf eine solche affektive Bestätigung ausgerichtet sind, laufen allerdings auf eine Inflation hinaus – wie oft lässt sich auf ähnliche Formen eine emotionale Reaktion erleben, ohne dass diese in ihrer Intensität nachlässt und die Kommunikation über diese Empfindungen an Glaubwürdigkeit verliert? Auf Dauer gestellt werden kann dieses Rückmeldeverhalten nur innerhalb einer kollektiven Praxis, in routinisierten Umgangsformen, die im Bewusstsein einer breiten Anteilnahme stattfinden. Es ist nicht nur die emphatische Rückmeldung an die eine Verfasserin eines bestimmten Gedichts, sondern zugleich und vielleicht sogar zuvorderst eine Mitteilung an die Community, an Gleichgesinnte, an Gleichfühlende, die ihre affektive Resonanz auf dieselbe Weise artikulieren. „What we all feel" als Einzelaussage ist eine leere Behauptung, in der Vielzahl von Likes und bestätigenden Kommentaren erst gewinnt sie ihre Validität. Das Feedback wird zur wichtigen Ressource des emotionalen Supports (vgl. Curwood/Kovalik 2019, S. 191).

Es entsteht eine Stilgemeinschaft, die sich nicht durch gemeinsame Oberflächendistinktion auszeichnet, sondern auf ähnlichen Formen der Wahrnehmung, der Bewertung und des Urteilens, auf einem geteilten „Modus" basiert (Baßler/Drügh 2021, S. 71). Was sich auf dieser Grundlage konstituiert, lässt sich als eine Gefühlsgemeinschaft, als digitalliterarische Version einer *affective community* verstehen, wie Emma Hutchison diese beschrieben hat. Als Affektgemeinschaft versteht Hutchison solche Gemeinschaften, die sich durch kollektiv geteilte Formen des Fühlens konstituieren, über gemeinsame Muster des emotionalen Verstehens („through shared patterns of emotional meaning and understanding", Hutchison 2018). Hauptsächliche Bedingung dafür ist, dass die eigenen Empfindungen kommuniziert werden und über ihre Zirkulation die entsprechende Community performativ hervorgebracht bzw. erhalten wird. Im Zusammenspiel von individuellem Bekenntnis und kollektiver Bestätigung besteht dieser „distinctive ‚affective' type of community" (ebd.).

Daraus folgt zweierlei: Zum einen muss in solche Communities fortlaufend Zeit, Aufmerksamkeit und Engagement investiert werden, da diese sich ansonsten verflüchtigen. Sie sind keine festen Strukturen mit dauerhafter Verpflichtung wie Vereine und Institutionen, sondern existieren nur solange, wie Menschen in ihren Strukturen interagieren und sie dadurch aufrechterhalten. Zum anderen lässt sich eine solche temporäre Community schwerlich in den Blick bekommen, wenn nur sporadische Sichtungen von einzelnen Accounts und Beiträgen vorgenommen werden. Insbesondere auf Seiten der Kritiker:innen der Instapoetry ist dies zu bemerken, wenn in einer Weise über das Gesamtphänomen gesprochen wird, die den Text prioritär behandelt und alles Weitere nicht in den Fokus nimmt. Solche *affective communities* und ihre Codes ähneln Vergemeinschaftungen im Zeichen des Pop in der Hinsicht, dass sich Innen- von Außenperspektiven gravierend unterscheiden, nämlich dadurch, dass die wesentlichen Qualitäten und Funktionen von außen gar nicht zu erkennen sind. Damit wird bestätigt, dass sich Bedeutungen im Pop „nicht mit klassischen hermeneutischen […] Verfahren, sondern nur durch Zugehörigkeit zur (oder über die Interpretation der) jeweils relevanten Gemeinschaft erschließen" (Diederichsen 1999, S. 278) lassen.

Es geht nicht um irgendwelche unspezifisch-allgemeinen Erfahrungen, sondern, wie die vergleichende Analyse zeigt, vor allem um Traumata und deren produktive Überwindung. In großer Zahl finden sich Gedichte und andere Kurztexte zu verschiedenen psychischen Erkrankungen, Ängsten, Verlust-, Missbrauchs- und anderen Gewalterfahrungen, die unmittelbar mit der Person, die nicht nur den Text verfasst hat, sondern durch diesen spricht, verknüpft sind. Eine Spielart von autobiografisch grundierter Literatur, dem verwandt, was im Bereich des Romans als *misery* oder *trauma porn* bezeichnet wird – die Erfahrungen des eigenen Leidens werden schonungslos, mitunter quälend detailreich ausgestellt, ermöglichen aber einen „Trost im Unglück der anderen" (Engelmeier 2021, S. 34), denen es auch schlecht oder sogar weit schlechter geht als einem selbst. Dies gilt für Rupi Kaur, aber auch für viele weniger bekannte *poets,* deren Verschränkung von Text und eigener Erfahrung wie etwa bei Kris Coffield (@kriscoffieldpoetry) äußerst beklemmend ist.

Die zentrale Referenz dieser Traumata ist abermals der Körper. Wo die Worte und allegorischen Zeichnungen das wirkliche Innenleben wiederzugeben behaupten, zeigen die Fotos und Selfies den Sitz dieser Gefühle und Gedanken, deren Ursprung wiederum authentifiziert, was mehr als bloße rhetorische Geste ist. In Anlehnung an Yuval Noah Harari lässt sich hier eine Verschiebung oder Modifikation des Sprechorts feststellen. Statt der distanzierten Augenzeugenschaft eines beobachtenden Subjekts (als *eye-witnessing*) beziehen diese Instapoet:innen einen anderen Sprechort, um am eigenen Leib Erfahrenes wiederzugeben und damit eine ‚Leibzeugenschaft‘ zu reklamieren. Harari spricht von *flesh-witnessing,* die zwar intersubjektiv schwieriger zu vermitteln ist, aber in ihrer gesuchten individuellen Allgemeinheit Repräsentanz

beanspruchen kann (vgl. Harari 2009). Der Leib als
Zeugnis, dessen Versehrungen als Spuren noch erkennbar
und nachfühlbar sind, steht immer wieder im Zentrum
von instapoetischen Gedichten. Paradigmatisch ist abermals Rupi Kaur, deren Texte häufig von stilisierten
Zeichnungen von meist weiblichen menschlichen Körpern,
von Brust-, Rücken- und Schulterpartien oder Händen
begleitet werden. Bereits ihr allererstes Gedicht vom 18.
November 2013 ist ein solches Dokument der Leibzeugenschaft, in dem die Instapoetry einen ihrer ‚mythischen‘
Ausgangspunkte hat (Abb. 7).

Nicht nur der deutlich erkennbare Medienwechsel des
Gedichts „you trace the bruises on your ribs" ist relevant,
es antizipiert bereits vieles, was für ihr Schreiben typisch
werden soll: Ich-Du-Verhältnisse, über eine meist weib-
lich codierte Stimme an ein männliches Gegenüber (Vater,
Ex-Partner) gerichtet, das für jene Gewalterfahrungen verantwortlich ist, von denen das Gedicht qua ‚Leibzeugenschaft‘ spricht – die Prellungen sind da und können
nachempfunden werden. Das ‚you‘ ist in diesem Gedicht
zugleich als Imperativ an ein allgemeines ‚Du‘ gerichtet,
das angesprochen wird, um die eigenen körperlichen Versehrungen nachzuvollziehen. Dieser Auftakt spricht wie
viele weitere von Kaurs Gedichten auch von verlorenen
Zukünften und betrogenen Hoffnungen, an deren Stelle
die Gespenster der Vergangenheit in Gestalt der gewalt-
tätigen Väter oder (Ex-)Partner getreten sind, die entweder nie verschwunden sind oder als Depressionen
fortwirken, da sie für die Lebensenttäuschungen und den
Betrug um die verlorenen Optionen, für die *lost futures*
verantwortlich gemacht werden. Diese Last aber gerade
soll durch die positive mentale Einstellung überwunden
werden – und zwar ab jetzt, sofort, *the time is now,* und
jeden Moment wieder kann die Arbeit an den Traumata
neu begonnen oder fortgesetzt werden. Nicht nur Kaurs

 rupikaur_   ⋮

you trace the bruises on your ribs
with nervous fingers
before he swings
at your startling face

you will pour every bottle
down the drain
he will beat you
'til there is enough blood
spilling from your split lip
to intoxicate him

he has to stop himself
you cannot teach him

don't pretend like hell learn how
just because you scream *stop*
so loud when he is
kicking you in the stomach

you are not a rehab clinic for addicts
your body is not a prison

(rk)

♡ ◯ ◁   ⊓

Gefällt 3.132 Mal
rupikaur_ November 18 12:21 am
Alle 51 Kommentare ansehen
18. November 2013

Abb. 7 @rupikaur_, you trace the bruises on your ribs, 18.11.2013

Gedichte verkünden mit Nachdruck, dass Neuanfang, Umkehr und positive Bestätigung hier und jetzt möglich sind. Die existenzielle Schwere setzt aber auch voraus, dass die Binnenkommunikation ungebrochen ist, viele Themen vertragen keine der üblichen Spötteleien, Häme oder ironische Distanz. Nur vor dem Hintergrund einer solchen gemeinsamen Übereinkunft, einem Common Ground der Community, ist zu verstehen, dass ein Posting wie das Kaurs vom 7. Oktober 2015 als kollektiver Erfolg und Bestätigung der (affektiven) Community aufgefasst und vielfach geliked wird, obwohl der Anlass ein kommerzieller Verkaufserfolg ist. Dieser ist zwar dem kollektiven Handeln der Community zu verdanken, kommt aber primär allein der Autorin zu Gute. Die Community umfasst also auch die schlichte Semantik der Kund:innen- und Käufer:innenschaft, die diesen Erfolg in der Hauptsache ermöglicht hat, ohne in der emphatischen Rede von Community als ‚Familie' eigens expliziert zu werden (Abb. 8).

Fließend sind die Grenzen zwischen einer hilfreichen Preisgabe und einem Zuviel an persönlichen Bekenntnissen, dem *Oversharing*. Es besteht die Tendenz, immer mehr und immer intimere Informationen preiszugeben, um der Routine und Interesseninflation entgegenzuwirken. Die Instapoetry lebt zu einem nicht unwesentlichen Teil genau davon, dass die persönlichsten und traumatischsten Erfahrungen öffentlich kommuniziert werden – Formen des Missbrauchs bis zu Vergewaltigungen, psychische und physische Erkrankungen, besondere Ängste und konkrete Verluste – all das wird vieltausend-, wenn nicht millionenfach kommuniziert. Texte und Bilder, die als Körpertreffer wirken, die aber vielleicht nur jene in vollem Umfang nachvollziehen können, die in einer ähnlichen Weise getroffen und versehrt worden sind. Das Verstehen wird durch ein Nachempfinden suspendiert.

10:46

✕ ⛶ ⬝⫯ 83% ▮

← *Instagram*

rupikaur_ ⋮

it took a
community
to get here

🐝

thank you

♡ ◯ ◁ ⊓

Gefällt 9.962 Mal

rupikaur_ in just one day we have already sold out at
so many stores. congratulations family.
congratulations to us all. this is the power of the
people. 🖤

Alle 48 Kommentare ansehen

7. Oktober 2015

Abb. 8 @rupikaur_, 07.10.2015

In diesem Kontext ist auch das Empowerment
der *poems* zu begreifen, die im Kontrast zu den
traumatisierenden Erfahrungen (sozusagen *ex positivo*)
Hoffnungen artikulieren und zu individueller wie
kollektiver Achtsamkeit und Fürsorge anspornen.
Legitimationsphrasen („it's ok to…/ Es ist ok, dass…")
und entsprechende Aufforderungen wirken vielleicht naiv,

pathetisch oder beklemmend – aber nie haben sich mehr Menschen innerhalb des Zusammenhangs eines Einzelphänomens zu den Deprivationen des Aufwachsens im Kapitalismus und in patriarchalen Ordnungen, deren normativen und toxischen Leitideen sowie den damit verbundenen psychischen wie physischen Versehrungen zu Wort gemeldet. Doch gegen die Verzweiflung und die Resignation spricht hier die Hoffnung auf Besserung – aus der Trias von *learn, listen* und *heal* entspringt der Appell *you can do it,* die allesamt via Hashtag in den Epitexten der Instapoetry mitgeteilt werden. Hashtags kreieren keine Inhalte, aber sie verschaffen diesen Legitimität und Sichtbarkeit, wenn die Anschlusskommunikation sie bestätigt und fortsetzt. Vor allem werden Hashtags bei entsprechender Breitenwirkung zum „Moment der kollektiven Selbstwahrnehmung" als Gemeinschaft (Stalder 2021, S. 8). Popularität besitzt in dieser Hinsicht allerdings eine deutliche Unterscheidungsmacht, die den einen mehr, den anderen weniger Beachtung für ihre Anliegen zukommen lässt. Die unternehmerische Erfolgsgeschichte erzählt sich anders als die von kollektiver Therapie und gegenseitigem Empowerment. Ein Teufelskreis, denn obwohl Mental Health (siehe den Hashtag #letstalkaboutmentalhealth und die darunter versammelten lyrischen Interventionen) einen so zentralen Bereich der Instapoetry darstellt, gilt Instagram, wie verschiedene Studien nahelegen, als „the number one worst app for mental health for youth" (Frier 2020, S. 248).

Die Instapoetin Nikita Gill hat auf diesen kurativen Aspekt der Instapoetry mehrfach hingewiesen. In einem Story-Post kommt besonders die kompensatorische Leistung zum Ausdruck, die für viele Instapoet:innen relevant ist: Dichtung soll bzw. muss das kompensieren, was nicht allen zugängliche oder äußerst unflexible Gesundheitssysteme (sei es aus ökonomischen Gründen,

fehlender Infrastruktur oder aufgrund von gesellschaftlichen Traditionen) nicht leisten können. Sie bildet eine
Möglichkeit, sich auszusprechen, von Leiden und Ängsten
zu berichten, und zwar jetzt, nicht erst in sechs Monaten
oder einem Jahr, bis sich einer der raren Therapieplätze
gefunden hat, und dies zu einem Publikum, das sofort
empfangen und bestätigend reagieren kann. Im Prozess
einer fortlaufenden Bearbeitung der Traumata wiederum
könne sich etwas wie Heilung einstellen (Abb. 9).

Mit Betonung der positiven individuellen Funktion
geht der Aufruf einher, das System zu bekämpfen, das für
diese Traumata (mit-)verantwortlich ist – an dieser Stelle
bleibt offen, welche konkreten Möglichkeiten hier vor-
gesehen sind. Dass neben den naheliegenden ‚Systemen‘
von Patriachat und Kapitalismus auch Instagram gemeint
ist, das von den hohen Zahlen traumatherapeutischer
Kommunikation profitiert, ist möglich. Gegen die Iso-
lationserfahrung und das Leiden an der Vereinzelung
wird auf die Gemeinschaft und die aktive Mitarbeit
am *community buildung* gesetzt. Von ihr nimmt die
Hoffnung auf kollektive Gesundung, auf *healing,* ihren
Ausgang. Einer Vergemeinschaftung, der großes Potential
zugetraut wird, befindet sich diese Einschätzung doch in
Übereinstimmung mit gewichtigen Positionen: „Rarely,
if ever are any of us healed in isolation. Healing is an
act of communion" (bell hooks 2018, S. 215), heißt es
bei der feministischen Theoretikerin bell hooks. Doch
wo findet dieses Zusammenkommen statt? In der Praxis
des lebhaften Austauschs, oder aber in einem käuflichen
Produkt, das als Folge des öffentlichen Spektakels markt-
gängig wird? Ayu Saraswati und Lili Pâquet haben auf die
konsumistischen Erlösungsversprechen hingewiesen, die
der Kauf eines Buches in Aussicht stellt und damit die
politischen Ansprüche sogleich sabotiert (Pâquet 2019,
S. 299), wenn Empowerment zur Ware wird (Saraswati

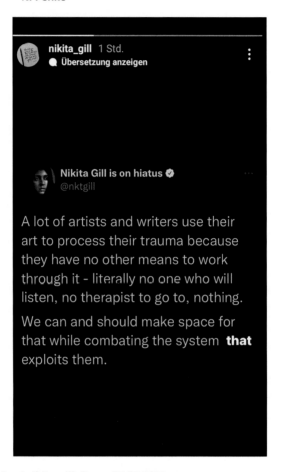

Abb. 9   @nikita-gill, Story, 29.12.2021

2021, S. 67). Selfcare und Achtsamkeit gehören zu den
weit verbreiteten Idealen individueller Fürsorge der *Pain
Generation* (ebd.), sie sind Teil eines, wie Saraswati es
nennt, „neoliberal self(ie) gaze", eines bestimmten Blicks
auf das Selbst, das bearbeitet und verbessert werden muss,
indem es sich unternehmerisch betätigt. Die öffentliche
Traumatherapie   korreliert   damit   mit   neoliberalen

Positionen, die im Sinne der verbessernden Arbeit an sich selbst den Optimierungsgedanken bekräftigen. Das Hashtag-Empowerment steht den spirituellen Lebensratschlägen eines Eckhart Tolle nahe, vor allem dann, wenn sie *the power of now* (ein Buchtitel und Leitmaxime Tolles) beschwören, die Umkehr und das Leben als permanente Chance begreifen, sich aktiv aus der individuellen Verirrung herauszuarbeiten. Wo die Inspiration zu einem freien und glücklichen Leben, die Befreiung vom Verstand Auswege aus Ängsten, Depression und Hoffnungslosigkeit verheißt, ist ein intuitiv verstehendes ‚Wissen' nah, das gegenüber einem rationalen Verstehen, eine Entlastung vom trügerischen Verstand verspricht. „There is a way out of suffering and into peace", verspricht Tolle in *The Power of Now* (Tolle 2010, S. 5).

In der Instapoetry wird trotz der schicksalsschweren Themen dennoch in weiten Teilen eine solche optimistische Haltung bedient, die auf intellektuelle Entlastung abstellt. Form und thematische Konkretisierung weisen weg von einem rationalen Verstehen, das in der Komplexität von Wissensgesellschaften eine permanente Herausforderung und beizeiten auch Überforderung bedeutet. Versuche zu verstehen werden umgangen und durch ein In-sich-Hineinhören ersetzt, die Achtsamkeit für Gefühl und Stimmung tritt an die Stelle politischen Weltverstehens. *Healing, happiness* und der fromme Wunsch *‚you deserve better'*, die mit *anxiety* und *pain* in Widerstreit liegen, sind zwei Seiten derselben Medaille. Ayu Saraswati hat gezeigt, dass der gesamte Komplex, der den emotionalen Haushalt der *Pain Generation* integral beeinflusst, also Angst, Gewalt, Missbrauch und Verlusterfahrungen die Bedingungen dafür sind, mit Empowerment, Achtsamkeit, *self-care* und *self-love* nicht nur dichtend in Erscheinung zu treten, sondern diese

Erfahrungsverarbeitung zu kommodifizieren. Kurz: Aus Schmerz Gold zu machen (Saraswati 2021, S. 67). Nämlich schreiben und über Probleme sprechen, um etwas beizutragen und in den Genuss der versprochenen Benefits zu kommen.

Denn diese durch die Community geteilten Bedürfnisse lassen sich auch anderweitig nutzen. Mit der Achtsamkeits-Community ist ein neue Klientel für entsprechende Formen des Merchandise entstanden, das auf die Bedürfnisse der Selbsterforschung und Achtsamkeitsübung gezielt reagiert. Rupi Kaur veröffentlicht 2021 unter dem Titel „write with rupi" ein Set „writing prompts" – Schreibaufforderungen, die auf siebzig pastellfarbenen Kärtchen Anregungen zum Thema „self love" vorgeben (Kaur 25.10.2021), um mit diesen ‚kreativ' an der eigenen Achtsamkeit zu arbeiten, in situativen Rollenspielen Selbstreflexion zu üben und eigene Aphorismen nach Anleitung zu verfassen (siehe Abb. 10):

Solche Motivationssprüche und -spiele sind aus dem Bereich der Lebensratgeber und Coaching-Tipps bekannt. Es handelt sich bei ihnen wie auch den von anderen Poet:innen vertriebenen Achtsamkeitstagebüchern um „Emodities" (Illouz 2018, S. 23), die Gefühle (‚emotions') und Warenform (Waren engl. ‚commodities') eng miteinander verschränken. Sie zielen auf die individuelle Lösung von Problemen und die Überwindung von ‚Blockaden' ab, die zwar als individuell empfunden und als solche behandelt werden, deren strukturelle Ursachen im Jetzt und Hier der vorfabrizierten Lückentexte jedoch kaum in den Blick geraten. In ihnen wird Empowerment und Selfcare zum kreativen Prozess, der sich beliebig verlängern und durch weitere vielversprechende Produkte ergänzen lässt.

Abb. 10 a @rupikaur_, Story 3/3, 25.10.2021, **b** @rupikaur_, 26.10.2021

Der konkreten, auf das Individuum fokussierten Selbstsorge gegenüber haben es abstrakte Themen mit universaler Reichweite weit schwerer. Dies lässt sich beispielsweise besonders für die nur sporadisch auftauchenden Themen aus dem Anthropozän-Diskurs feststellen. Es gibt solche Beiträge zweifellos, doch spielen diese in den oberen Popularitäts- und Aufmerksamkeitsriegen kaum eine Rolle. Kollektive Verfehlungen des Anthropozäns und der Konsequenzen, die aus der historischen Ereigniskette fossiler Energiegewinnung erwachsen sind, finden sich instapoetisch nur sporadisch in katastrophischen Szenarien gespiegelt. Ein Instapoet, der an diesem Diskurs partizipiert, ist Paul Nash (@north_sea_navigator), der professionelle Naturfotografie mit eigenen Texten verbindet. Nash ist kein populärer Künstler, und allem Anschein auch nicht darauf aus, sich den Affordanzen entsprechend zu verhalten. Stattdessen zeigt sein Account moderate Experimente mit den Möglichkeiten der Plattform, Variationen von Gedichten zu posten, die mit verschiedenen Fotos kombiniert werden. *The Fall* vom 24.08.2020 wird mit acht, *An Ode to Edgelands* vom 26.08.2020 sogar mit zehn unterschiedlichen Fotos arrangiert. Diese meist in Schwarz-Weiß gehaltenen, stimmungsvollen Aufnahmen spielen mit der Variation von Kontextualisierung und Deutung. Ein Beispiel, das einen Bezug zum „Fall" der Zivilisation, ihrer Netze und Versorgungsinfrastrukturen herstellt, imaginiert Kinder, die an skelettierten Bäumen empor klettern, die sich ebenso auf reale abgestorbene Bäume beziehen können wie die abgebildeten Freileitungs-masten – in „unserer schönen Apokalypse" („our beautiful apokalypse") sind die „Parks" als kultivierte Natur zu „Ossuarien" („ossuaries") geworden, zu Beinhäusern, in denen sich die sterblichen Überreste stapeln (Abb. 11).

Abb. 11 @north_sea_navigator, The Fall, 27.06.2020

Am anderen Ende der Popularitätsskala: DIY und Imitation im Long Tail

Zwei Zugänge führen zum Kern der Sache. Der eine, der sich als Äquivalent zur Direktive *Follow the money* verstehen lässt, wurde bis hierher verfolgt. Dieser Zugang war darauf aus, dort hinzusehen, wo die großen Zahlenwerte für einzelne Accounts, Gedichte und Poet:innen akkumuliert werden, die diesen zu einer Spitzenstellung in Sachen Popularität und daraus abgeleiteter Relevanz sowie darauf begründeten Verkaufserfolgen verholfen haben. Ihr Aufstieg hat eine Reihe von Kommodifizierungsmöglichkeiten erschlossen, die Text und Dichter:in aus dem Medium herausheben (können) und ihnen weitere Bühnen nebst Merchandise-Angeboten eröffnen.

Der andere Weg heißt, den Hashtags zu folgen, der Vielfalt der Formen, Inhalten und Kommunikationen nachzugehen, um das in den Blick zu nehmen, was das Phänomen in der Breite ausmacht. Der Head hat dafür gesorgt, dass die Instapoetry und ihre Dichtung zum

N. Penke, *Instapoetry,* Essays zur Gegenwartsästhetik, https://doi.org/10.1007/978-3-662-65546-7_5

Millionengeschäft wurden – Rupi Kaurs *Milk and Honey* ist der meistverkaufte Lyrikband der Literaturgeschichte – während andere Poet:innen irgendwo im Long Tail von einer eigenen Buchveröffentlichung kaum zu träumen wagen, weil ihre Gedichte nur Likes im ein- oder zweistelligen Bereich erhalten. Dies entspricht insgesamt der Followerstruktur sozialer Medien; auf wenige erfolgreiche, ‚große' Accounts kommen extrem viele mit wenigen oder gar keinen Followern. So auch in der Instapoetry: Einige wenige Stars ragen hervor, wo abertausende Poet:innen folgen, die sich imitativ auf ihre populären Formen und aufmerksamkeitsökonomisch ‚parasitär' auf ihre Vorbilder beziehen.

Diese Breite aber sorgt für die Beständigkeit von Community wie Gesamtphänomen. Denn zum einen sind viele dieser Poet:innen Follower der anderen, die sich wechselseitig mit (nicht nur, aber auch, zahlenmäßiger) Resonanz versorgen. Zahlreiche der unter #instapoems zu findenden Beispiele sind sichtlich von dem inspiriert, was Kaur, Waheed, Drake und Lovelace vorgemacht haben. Die Imitation überwiegt jene Versuche, sich in reflektierter Abgrenzung und Absage an die Routinen distinktiv zur Geltung zu bringen, bei weitem. Verbunden werden sie über die relevanten Hashtags, aus denen sich explizite, sichtbare Netzwerke ergeben, während die Algorithmen aufgrund der Interaktionen implizite, für die Nutzer:innen unsichtbare Netze registrieren. Was einem zunächst noch entgangen ist, darauf wird in den ‚Vorschlägen für dich' aufmerksam gemacht. Aufmerksamkeitserfolge führen zu erhöhter Sichtbarkeit, während die unsichtbaren Hintergrundprozesse das Nicht-Populäre diskriminieren. Der Algorithmus kennt kein Mitleid, er wird niemals Beiträge priorisieren, die noch keine Likes bekommen haben, mögen diese noch so herausragend gestaltet oder ihre Erfahrungsschwere besonders groß sein. Der Kampf um

Beachtung, um Bestätigung und Legitimation, löst auch dort Verteilungskämpfe aus, wo die Aussicht auf Buch und *fame* zwar als ferne Hoffnung gehegt wird, doch aufgrund der objektiven Zahlen errechenbar fern liegt. Doch aus genau dieser Lage haben sich weitere Handlungs- und Geschäftsmodelle entwickelt, die mit den Aspirationen und Hoffnungen all jener operieren, die nicht zum Head des Feldes gehören, aber auch gerne reich, berühmt und, vor allem, gedruckt sein möchten. Hinzu kommen jene, die noch gar nicht wissen, wie man Instapoetry überhaupt macht, an deren Eingemeindung im Sinne einer Breiten-Dichtung ebenfalls ein Interesse besteht.

Aber nicht erst im Zuge dieser Verbreiterung hat sich Instapoetry als eine *Read-write*-Kultur etabliert. *Read-write* heißt, dass (fast) alle, die lesen, auch selber schreiben. Wer derart an Instapoetry partizipiert, steht in der Schleife von Selbst-Ausdruck und Rückmeldung in einem beständigen Dialog mit anderen, ein Austausch, der Erfahrungsgewinne mit sich bringt und eine zunehmende Professionalisierung der Beteiligten befördert. Beliebte Praktiken in diesem Kontext sind *writing challenges* (vgl. Abb. 12), Wettbewerbe aus Freude an der Textarbeit und dem Experimentieren mit thematischen und/oder formalen Vorgaben. @writersaroundtheworld fordert im Rahmen einer „24 Hour Writing Challenge" dazu auf, mit genau 23 Wörtern ein Gedicht über „Guilty Pleasure" zu verfassen und kreativ mit den künstlich begrenzten Möglichkeiten umzugehen. Ähnliches gilt für die *bookspinepoetry* (Buchrückenlyrik), eine kombinatorische und fotografische Praxis, bei der Buchrücken mit ihren lesbaren Titeln so arrangiert werden, dass sich aus diesen ein Text ergibt, der als Gedicht in Versen lesbar wird. Ob Challenge oder #bookspinepoetry, es beteiligen sich Hunderte oder Tausende, mit verlinkten Beiträgen oder in der Kommentarspalte unter dem ursprünglichen Posting

Abb. 12   Hashtag „writingchallenges", 01.02.2022

mit dem Aufruf – dies mag marginal im Vergleich zu den Top-Akteur:innen sein, ist es aber keineswegs für diejenigen, die daran teilnehmen. Auch dies bedeutet Traffic, der registriert wird und dem Account zu Gute kommt. Unter dem Hashtag #literarischehausaufgabe finden sich deutschsprachige Pendants dazu.

Aus dieser Gruppe mittelmäßig erfolgreicher Instapoets bieten einige für die noch Ahnungslosen oder Unentschiedenen ihren Rat an, wie es möglich ist, in nur wenigen Minuten instagrammablen Content zu erstellen. Im Blog WritersXp zeigt Shadab Alam „How to become an Instagram Poet", auf Youtube gibt der Kanal Adam Gary Poetry Anleitungen und Tipps, „how to grow as an Instapoet", und direkt auf Instagram rät der Marketing-Coach @macullus „how to turn your ‚Art' into marketable skills". Er empfiehlt, nicht Follower für die eigene Kunst zu suchen, sondern Kunst nach den Interessen der Follower zu produzieren. „You don't need more Inspiration, you need to sit your ass down and Create", gibt @macculus am 05.07.2021 als seine unbestechliche Coaching-Maxime aus.

Es ist fragwürdig, ob durch solche Anleitungen ‚kreative Prozesse' inspiriert oder gar Kunst entstehen kann. Aber, auch das wird schnell klar, dies ist gar nicht entscheidend für diese Form der Mitmachkultur – es gibt schließlich bereits ausreichend vorhandenes Material, mit dem sich Instapoetry (oder auch beliebiger anderer Inhalt) simulieren lässt. Man braucht es lediglich abzurufen. Adam Gary verweist nicht nur auf die Plattform canva.com, er führt auch vor, wie sich mit wenigen Klicks instagrammabler Content produzieren lässt und mit welchen Hashtags die relevanten Zielgruppen (zumindest potentiell) erreicht werden können. Canva stellt Stockfotos und Templates zur Verfügung, mit denen sich schnell und einfach für die spezifischen Formate der verschiedenen Plattformen passgenaues Material herstellen lässt. Ein Sonnenuntergang, eine verschneite Berglandschaft, ein niedlicher Hund, eine dampfende Teetasse oder ein vieldeutiger Farbverlauf als Hintergrund? Eine Auswahl zu treffen ist schwieriger als einen passenden Text zu finden, denn auch diese werden mitunter bereits vorformatiert zur Verfügung gestellt: Viele Stockfotos sind mit bereits formuliertem und formatiertem Blindtext ausgestattet, die sich speichern und direkt als *quotes, thoughts* oder *poems* für Instagram übernehmen lassen (Abb. 13, 14).

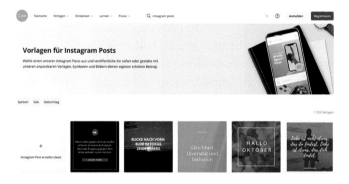

Abb. 13   Canva.com, „Vorlagen für Instagram Posts", 12.05.2021

Abb. 14   Canva.com, „Summer Instagram Post", 28.01.2022

„When The Sun / ——> Goes Down / & The Lights Turn Low" – solche Vorlagen taugen durchaus als Instapoetry. Und sie werden auch als solche gepostet, geliked und kommentiert. Ich möchte diese Form als Stock Poetry bezeichnen; die aus einem Archiv vorfabrizierter Bild-Text-Kombinationen entstammt, das es allen, unabhängig von jeder kreativen Eigenleistung, ermöglicht, mit solchen Readymades in die poetische Massenfabrikation einzusteigen. Nur ein paar Klicks braucht es zum *instant poet,* um plötzlich publizierte:r Dichter:in zu sein und auf Beachtung und Zustimmung durch die Likes anderer auszuziehen. Stock Poetry ist ein Sonderfall des ‚unkreativen Schreibens' (vgl. Goldsmith 2011), das mit Readymades arbeitet, diese aber nicht als solche zu erkennen gibt, da ihm kein ästhetisches Konzept zugrundeliegt.

Warum aber sollte jemand so etwas tun, vorformatierte Bild-Texte zu übernehmen und als eigenen Content auszugeben, diesen sogar noch als #poetry oder #Lyrik ausweisen? Ganz einfach, um zu partizipieren, um Likes einzuheimsen und vielleicht doch noch einen (monetären) Profit aus einem Account zu schlagen. Die Plattform lebt indessen ja auch davon, dass diejenigen, die eigentlich nichts mitzuteilen haben, trotzdem im Getümmel mitmachen und ‚mitrufen' können.

Ich selbst habe es versuchsweise ausprobiert. Zumindest bis an die Bezahlschranke. Mit Adam Garys Tipps und ein paar gemeinfreien Canva-Vorlagen im Gepäck habe ich einen Account eröffnet und Bild-Text-Kombinationen wie die oben abgebildeten gepostet, diese mit einem Set nicht besonders origineller Hashtags versehen und zumindest vorübergehend die Seiten gewechselt. Der Sog, als Instapoet zu reüssieren und Teil einer Kompetitionsgemeinschaft zu werden, war sofort da. Automatisch. Nicht weil ich es wollte, sondern weil die

Routinen umgehend ihre oft beschworenen Schattenseiten
offenbarten – bereits mit dem ersten Posting kamen die
Aufforderungen „Follow me if you want", „Check your
inbox/DM" – als Interesse getarnte Nachrichten, die von
wenig freundlichen Kommentaren begleitet wurden, wenn
nicht umgehend gefolgt und im Gegenzug die aktuellen
Beiträge des anderen Accounts geliked wurden. Massen-
haft verschickte Nachrichten nach Prinzip des Kettenbriefs
versprechen in kurzer Zeit große Zuwächse, mindestens
8000 Follower. Keine unerhebliche Zahl, denn die meisten
Accounts, die mir folgen und denen ich folge, liegen
weit darunter. Wir versorgen uns gegenseitig mit Likes
und Kommentaren, eine Community, der es weniger
um empathisches Miteinander und identitätspolitische
Positionierung geht als um schnöde Zahlengewinne
und die ‚bestmögliche' Performance. Dies bringt von
Anfang an Stress und auch Ärgernisse mit sich, denn die
Routinen werden unmissverständlich kommuniziert: Das
zahlenmäßige Wachstum eines Accounts lässt sich durch
diese üblichen Verfahren bewerkstelligen – sich einzulassen
auf die Bereitschaft zur gegenseitigen Gabe, Anerkennung
wird über *l4l* (*like for like*) oder *follow back* signalisiert, die
auf mutualistische Bestärkung ausgelegt sind.

Die Verfahrensroutinen dieser Community sind streng
pragmatisch, sie kommen unabhängig von der tatsächlichen Anerkennung, sogar der Wahrnehmung der Texte
anderer aus, denn wie ich sehen kann, posten manche
unter alle Texte verschiedener Accounts die immergleichen Kommentare. Gelesen wird von diesen derart Mehrfach-Postenden offensichtlich nicht, was in
einem Text-Beitrag steht, auch auf die Eigenheiten
von Bild-Text-Kombination und/oder die persönliche
Beziehung zum Inhalt wird dabei nicht eingegangen. Es
geht allein um das Registrieren von Likes. Denn, das wird

mir unmissverständlich mitgeteilt, diese Nutzer:innen bauen darauf, dass ihre instrumentelle Aufmerksamkeit mit einer (gleichen) Gegenleistung entgegnet werde. „Hey, I liked your stuff, so pls like mine" lautete sinngemäß mehr als eine Nachricht, die mir zuging, wenn ich mich nicht schnell genug durch das Profil der oder des anderen geliked hatte. Zeitweilig folgte ich rund 1000 Accounts, davon wiederum folgten die meisten auch mir. Hätte ich dies gewollt, mein ganzer Alltag hätte aus Liken, Kommentieren und dem Beantworten von Nachrichten bestehen können, die ganz besonderen Wert auf meine Meinung respektive eine zahlenmäßige Wertschätzung und Beiträge zum Traffic der dahinterstehenden Accounts legen. Um Dichtung geht es dabei höchstens nebenbei. Wer dieses Spiel mitspielt, wird vollkommen *zany.* „A game that one could win"? Ganz sicher nicht. Ausgeschlossen. Oder doch nicht ganz? Denn es gibt bezahlte Features und das Versprechen steigender Like- und Follower-Zahlen innerhalb der Plattform ebenso wie jene, mit einem eigenen Buchbeitrag außerhalb groß rauszukommen oder zumindest die Sichtbarkeit auf anderes Terrain zu verlagern und im Familien- oder Bekanntenkreis als *published poet* auftreten zu können. Dies alles lässt sich mit Geld bewerkstelligen. Nicht nur mit den Verheißungen auf Anthologie- und eigene Buchveröffentlichungen lässt sich Umsatz machen, auch mit Features, die meist reichweitenstärkere Accounts anbieten und sich eine verlinkte Erwähnung in den Stories oder ein Re-Posting von numerisch Bedürftigen vergüten lassen.

Hatte ich es bei den Like-Dränglern mit vermutlich überwiegend menschlichen Akteur:innen zu tun, gab es in diesem Zusammenhang noch eine andere Ebene der Kommunikation. Denn unter jedem Beitrag, der mit den richtigen Hashtags veröffentlicht wurde, posteten Bots so manche Offerte: „Promote it on @xyz", „Send it to @xyz",

„check your inbox, I have a good purposal for you ♥". Diese Spamkommentare und -nachrichten verwiesen wiederum auf meist mit sechs- oder auch siebenstelligen Followerzahlen agierende Profile, die den Anschein erweckten, sie betrieben eine Art Literaturvermittlung. Sie sprachen Empfehlungen aus, verlinkten anscheinend entdeckenswerte Profile und hatten wöchentlich ihre *featured poets,* die offenbar besonders vielversprechende Texte verfasst hatten. Da sollte meine Stock Poetry auch erscheinen können? Hatte sich irgendjemand mein Profil überhaupt angesehen? Nein. Da schaute sich niemand irgendetwas an außer dem fristgerechten Eingang von Paypal-Zahlungen. Accounts wie @thewriterswarmth, @frozen_whispers oder @writersoftheweek verfolgen allesamt ein ähnliches Geschäftsmodell. Diese hatten verlockende Angebote für mich, die über automatisierte Bots in die Kommentare und ins Postfach gebracht wurden, um einer Sperrung des jeweiligen Hauptaccounts zu entgehen, da das massenhafte Versenden der immergleichen Nachrichten (Spam) von Instagram untersagt wird. Neben der Aufmerksamkeitsphilantropie, die sie dem Schein nach betreiben, und der ernstgemeinten Unterstützung ist *paid promotion* eine mittlerweile weit verbreitete Strategie, die eigenen Zahlenwerte schnell zu erhöhen und den Anschein von Popularität zu erkaufen.

Paid promotion ist eine Strategie, mit der, so zumindest das Versprechen, die mühseligen Interaktionen umgangen werden können. Vergleichsweise reichweitenstarke Accounts stellen gegen Bezahlung eine immense Aufmerksamkeitssteigerung durch ihre Services in Aussicht. Für meist 10–20 US-Dollar werden Features in der Story angeboten, permanente Postings für rund 25 US-Dollar, kombinierte Leistungen oder gar wöchentliche Promotion werden relativ gesehen günstiger, je größer das gebuchte Paket wird. Für 80 Dollar werden mir mindestens 300 neue

Follower und viele Likes meiner Beiträge in Aussicht gestellt. Um wirklich populär zu werden und eine Reichweite zu erzeugen, die über den Kreis ähnlich agierender Accounts hinauskommt, reicht das aber noch lange nicht. Oder vielmehr ist die Investitionssumme noch deutlich zu gering. Für einen fünfstelligen Followerzuwachs müsste ich demnach einige Tausend Dollar investieren – freilich ohne Garantie, dass sich die erwünschten Zahlen auch tatsächlich einstellen werden. Und dann? Eine veritable Fanbasis wäre dies sicher nicht. Die Verführung, in ungedeckte Popularität zu investieren, erinnert an die Praktiken ökonomischer Spekulationen, seien es Immobilien, seien es Optionskäufe, bei denen mit Wahrscheinlichkeiten gerechnet wird und bei denen manche große Gewinne einfahren, während andere alles verlieren. Hier verlieren diejenigen, die in Zahlenzuwächse investieren, die ihnen nichts einbringen, denn das Geld verschwindet zwar, die Wünsche und Hoffnungen, als Dichter:in gefeiert zu werden, werden sich auf diesem Weg hingegen kaum erfüllen.

Doch die Kommodifizierung von Dichter:innen-Aspirationen erschöpft sich nicht in solchen Features und wachsenden Zahlenwerten innerhalb der Plattform, sondern setzt sich unter der Leitidee von *getting published* fort. Bereits am zweiten Tag meiner Insta(Stock) Poetry-Karriere kam das erste Angebot, an einer Anthologie mitzuwirken. Thematisch relativ offen, ob Prosa oder Lyrik, wäre egal. Alles könnte eingereicht und ganz sicher auch gedruckt werden – nach Zahlung eines bestimmten Betrages. Auf Nachfrage erfahre ich, dass der Band in Indien erscheinen werde. In welchem Verlag, in welcher Auflage, mit wie vielen gedruckten Exemplaren und ob es so etwas wie Belegexemplare geben werde, bleibt offen. Ich lehne also ab, weil ich auch dieser Chance ,groß rauszukommen' ausreichend misstraue. Die Geschäftsidee aber, ich überschlage kurz die Einnahmen und rechne die realistischen Publikationskosten dagegen, scheint ebenfalls sehr lukrativ. Sollten sich 100 Leute finden, die jeweils zwischen 50 und 100 US-Dollar zu zahlen bereit sind, dann wird es für die Herausgeber:innen eine lohnende Unternehmung, die bald wiederholt werden sollte. Texte und Dichter:innen mit Ambition gibt es schließlich genug. Auch andere Anbieter stellen es ‚besonders talentierten‘ Poet:innen in Aussicht, sich mit einem oder auch mehreren Texten an einer ‚exklusiven‘ Anthologie zu beteiligen, nach der sich, im Falle eines Verkaufserfolgs, vielleicht sogar die Möglichkeit eines eigenen Gedicht-bandes ergeben werde. Auch dabei handelt es sich um ein Vielleicht, das ebenfalls allein von der Zahlungsbereit-schaft abhängt; nicht aber vom dichterischen Vermögen oder der Sprachfähigkeit, denn beide sind vollkommen egal. Neben einigen englischsprachigen Anthologien hätte ich auch auf Portugiesisch, Koreanisch oder Nepalesisch publizieren können, ohne eine dieser Sprachen auch nur entfernt zu beherrschen oder in meinem Beitrag ver-wendet zu haben.

Diese Veröffentlichungsverfahren gehen in den Begriffen von *self* oder *predatory publishing* aber nicht auf. Mit ihnen wird weder Sichtbarkeit geschaffen noch sind sie im engeren Sinne räuberisch. Was sie betreiben, ist eine Monetarisierung von Träumen und Wunschvor-stellungen, das ‚eigene Buch‘ in Händen zu halten und sich als Teil einer emphatisch verstandenen Zunft von ‚veröffentlichten‘ Dichter:innen verstehen zu können. Dazu kommt, man denke an die vielen Nachwuchs-ambitionen, die von Popmusik geschürt wurden und werden, die Hoffnung, es einer Rupi Kaur nachzutun, die ihre exzeptionelle Karriere doch auf recht ähnlichem Wege begonnen hatte. Stars, die zur Nachahmung motivieren, befeuern auch diesen Markt mit beliebigen Anthologien und Print-on-demand-Bänden. Solche Promoter und Publisher stellen ihrerseits „infradünne Plattformen" innerhalb der Meta-Plattform gegen Geld zur Verfügung; die „Hauchdünne solchen Verlagsbetriebs" liegt darin, dass diese nichts anbieten, „was Autoren mit einem Mindestmaß an digitalem Weltwissen Lulu sei dank nicht auch selbst bewerkstelligen könnten" (Bajohr 2016, S. 80). Bei Anbietern wie lulu.com könnten diese potentiellen Autor:innen ihre Bücher auch selbstverlegerisch angehen, ohne die vermittelnde Zwischeninstanz, die lediglich die Kosten erhöht, ohne mehr für die Sichtbarkeit von Autor:in und Buch zu tun.

Aber auch in diesem Zusammenhang kommt dem Buch als Buch eine besondere Bedeutung zu, da es offensichtlich als qualitativer Unterschied zum kostenlosen Posting aufgefasst wird. Die Aura des Buches, und mag es das billigste Paperback mit schluderiger Leimbindung sein, wirkt. Dies gilt auch für diejenigen, die Bücher von Instapoet:innen kaufen – das Text- und Bild-Material, das in diesen Publikationsverfahren umgenutzt wird, ist auf Instagram zunächst immer kostenfrei zu haben und für alle einzusehen, wenn auch nicht permanent les-, so ist doch für alle speicherbar. Dass das Buch als materielles Faktum ausgedient habe, wird von der Instapoetry an beiden Enden der Popularitäts-Skala regalmeterweise widerlegt.

Im Gefolge der großen Aufmerksamkeitserfolge für die führenden Instapoets und das Phänomen im Ganzen ist eine intermediäre Industrie entstanden, die noch weitere Monetarisierungsebenen gefunden und professionell routinisiert hat. Sie lebt allein von den Hoffnungen und Wünschen derer, die gerne als Schriftsteller:innen wahrgenommen werden wollen, aber weder ein besonderes Gespür für überzeugende Textgestaltung besitzen noch ahnen, dass es auch andere Wege gäbe, mit (zumeist)

seriöseren Unternehmen in die literarische Öffentlichkeit
zu treten. In einem Feld, das durch inflationär verwendete
Hashtags eine immense Konkurrenz allein um die Gunst
des Algorithmus und die bloße Beachtung durch ein
ansonsten unbestimmtes Publikum immer weiter wachsen
lässt, wird es zunehmend unwahrscheinlicher, noch Aufmerksamkeitserfolge verbuchen zu können, die einen über
das Gros der Instapoets hinausheben. Von Aussichten
und Versprechungen aber lebt diese vermittelte Form
des *publishings,* die vor allem für die Herausgebenden,
die mit Literatur nicht das Entfernteste zu tun haben
müssen, offensichtlich ein lukratives Geschäft bedeutet.
Bei keinen eigenen Kosten (außer der investierten Zeit
für Bots und ihre Fake-Accounts) reproduziert sich täg-
lich ein guter Umsatz. Der Anschein aber, sie würden
nur herausragende *poets* promoten und ihre ‚Kunst
unterstützen' wollen, bleibt dabei gewahrt. Die bei
@writersoftheweek verlinkten Profile sind nicht die
‚besten' Neuentdeckungen der vergangenen Woche,
sondern lediglich diejenigen, die in der jüngeren Vergangenheit für das komplette Promotion-Paket bezahlt
haben. Das tut nicht nur den derart gefeatureten
Poet:innen einen Abbruch in Sachen Authentizität, es
zeigt auch die Kluft auf, zwischen denen, die für mitunter vollkommen belanglose Texte einige hundert Dollar
investieren können, die auch in einem Buch vermutlich niemand lesen wird, und jenen, die sich stattdessen
in mühseliger Kommunikationsarbeit abrackern, weil
die Kosten für sie schlichtweg zu hoch sind. Wer arm ist,
muss arbeiten, wer Mittel zur Verfügung hat, nimmt eine
Abkürzung. Für die derart veröffentlichten Bücher gilt
das gleiche wie für die Zahlenwerte der Accounts und
ihrer Beiträge: die Intransparenz ihres Zustandekommens.
Wie Zahlenwerte, die Likes und Follower, gewachsen und
wodurch sie gedeckt sind, bleibt ebenso unsichtbar wie

die Grundlage der Features auf Basis von *paid promotion.* Kreativität und Freizeit werden dadurch für viele in eine weitere Arbeitstätigkeit verwandelt, mit der sie kompetitiv in einem globalen Wettstreit agieren. Die Aussicht auf Erfolg, Ruhm oder Geld treibt diese Produktionsmaschinerie an, bei der es um so vieles geht, dass der Ausgangspunkt, ein Text, ein Gedicht oder eine Prosaminiatur, zur *quantité négligeable* wird. Vor allem dort, wo dieser Weg zu Beachtung und Ruhm mit vorfabriziertem Material beschritten wird.

Unter den fünf Millionen #instapoetry-Postings finden sich so manche Canva-Vorlagen, die wieder und wieder verwendet werden. Eine quantitative Analyse könnte ermitteln, welches Sonnenblumenfeld und welcher wellenbewegte Ozean am häufigsten verwendet wird. Bereits beim Durchscrollen der aktuellen Postings der vergangenen Tage tauchen einige bereits mehrfach auf, die ich ebenfalls verwendet hatte. Auch sie tragen zum Gesamteindruck von Instapoetry bei, der den ambitionierten Dichter:innen und ihren ernsthaften Anliegen denkbar fernliegen. In diesen Niederungen lassen sich Folgen großer Popularität beobachten, die nur als Gesamtphänomen interessant sind, im Einzelfall sind sie ein Extrem digitaler Kommunikation, das vielleicht den Gegenpol zum Hype um NFTs markiert: Nicht die einzigartige Datei, sondern die immergleichen Postings in höchstens geringfügigen Variationen. Datenschrott, der Aufmerksamkeitsressourcen von ernsthaften Belangen abzieht, der die Server belastet und letztlich eine Verschwendung von Ressourcen darstellt, die wertvoll sind: Aufmerksamkeit, Zeit und Energie. Auch dies ist Teil des Instagrammismus, der die Kommunikation von Nicht-Information anregt (und vielleicht sogar als eine Form ‚kreativer‘ Praxis begreift), der Aufforderung zur permanenten Verschwendung von menschlichen wie technischen Ressourcen, weil auch diese Daten für das Unternehmen wertvoll sind. Wenigstens das. Der Hashtag aber mit seinen Millionen Beiträgen verweist somit auch auf einen Teil, der als Deponie verstanden werden muss, deren Schutt beständig wächst und bislang nicht reglementiert ist. Die Vermüllung einer für viele Menschen relevanten Öffentlichkeit, die sich zwar ausblenden lässt, aber dennoch für alle Schaden anrichtet.

Warum all der Kampf? Ambivalenzen und Traumszenarien

Instagrams Kreativitätsdispositiv trägt seit nunmehr über zehn Jahren. Mögen es zwar noch längst nicht ‚alle‘ sein, die ihre Erfahrungen fotografisch festhalten oder anderweitig bildlich gestalten und posten, die sich über ihre Sorgen und Gefühle mitteilen und alles Mögliche aus ihrem Leben senden, jederzeit und von jedem Ort aus, sind es dennoch so viele, wie in noch keinem bisherigen zusammenhängenden Kommunikationssystem. In die vielen ernsthaften Stimmen und wirkungswilligen Bilder mischt sich ein Rauschen von Datenmüll, der das Getöse weiter aufbläht. Das Phänomen der Instapoetry ist in allen seinen Bestandteilen das Resultat eines neuen „Strukturwandels der Öffentlichkeit“. Jürgen Habermas hat dazu kürzlich einige Thesen vorgelegt, die seine frühere Theorie von 1962 auf die veränderten medialen Realitäten des 21. Jahrhunderts übertragen. Er formuliert darin die Annahme, dass so, wie „der Buchdruck alle zu potentiellen Lesern gemacht hatte, so macht die

Digitalisierung heute alle zu potentiellen Autoren. Aber wie lange hat es gedauert, bis alle lesen gelernt hatten?" (Habermas 2021, S. 489) Davon abgesehen, dass auch mit Erfindung des Buchdrucks und der von ihm beförderten Alphabetisierungserfolge niemals „alle" haben lesen lernen können, ist die Fragerichtung dennoch interessant. Die Vorstellung, dass alle schreiben und, wenn vielleicht auch vermittelt, publizieren und im Sinne einer freien Öffentlichkeit über Geschriebenes diskutieren, hat verschiedene Komponenten. Sie setzt zum einen eine voll literalisierte Welt zur Norm, in der alle permanent in stabile medial vermittelte Kommunikationsnetzwerke eingebunden sind. *Dass* geschrieben wird, ist primär relevant, weniger hingegen, *was*. Dies würde das imitative und parasitäre Gefolge der Instapoetry erklären und durch den Strukturwandel zugleich legitimieren, wenn sie sich gar nicht mehr auf Dichtung als einer Form ‚höheren' Schreibens und Sprechens bezieht.

In der Literaturgeschichte gibt es einige Vorstellungen davon, welche Folgen die totale Literarisierung mit sich bringen könnte. Zwei Visionen: einmal in Louis Sébastian Merciers Zeitutopie *Das Jahr 2440. Ein Traum aller Träume* (*L'An 2440, rêve s'il en fut jamais,* 1771) als Zukunft, in der alle Bürger:innen literarisch schreiben und dazu angehalten sind, dies im Dienste des Fortschritts auch ohne Unterlass zu tun – eine andere von Jorge Louis Borges in *Die Bibliothek von Babel* (*La Biblioteca de Babel,* 1941), in der bereits alle möglichen Zeichenfolgen in Büchern niedergeschrieben wurden und es der Suche nach der Nadel im Heuhaufen entspricht, in der Bibliothek ein Buch zu finden, das sich nicht nur lesen lässt, sondern auch noch einen sinnvollen Text enthält. Seine Vision ist bestimmt durch Redundanz und Unlesbarkeit von Zeichenfolgen, die keine sinnvolle Information enthalten, und in der Wiederholung menschliche Prüfkapazitäten übersteigen.

Jedes neue Medium, jede Plattform kultiviert eigene Formen des Schreibens, Verbreitens und Lesens, was wiederum bedeutet, dass für jede Plattform eine weitere ‚Sprache' zu erlernen ist. Statt einiger Formen der Literalität, die der Buchdruck hervorgebracht hat, sehen sich die Nutzer:innen einer Vielzahl von Schreibweisen ausgesetzt, die jeweils andere Nutzungsroutinen voraussetzen und diese mittlerweile auch eingespielt haben. Social Media-Plattformen stellen dazu jeweils andere Mittel zu ihren eigenen Formen von *digital literacy* bereit. Das richtige ‚Lesen' ist auf Instagram schnell gelernt, länger dauert es wiederum, sich von der Gewöhnung an die ultra-kurzen Aufmerksamkeitsintervalle zu lösen. Zur Lesekompetenz gehört auch, die Formen des fingierten Schreibens, der Täuschungen und der Pseudo-Kommunikation mit Bots angemessen zu bewerten. Es geht aber mindestens ebenso um das Schreiben, um das Probieren und Finden eines Stils und einer Frequenz, die es ermöglicht, von den positiven Aspekten der Beachtung und Vergemeinschaftung zu profitieren, ohne durch die Mühle der Dauerbetriebsamkeit zerrieben zu werden. Auch eine Formulierung wie Oversharing weist darauf hin, dass die Überschreitung von Grenzen – der Fassbarkeit wie der Vertretbarkeit – verschiedene Facetten besitzen kann. Selbiges gilt für den Anspruch, solche thematischen Felder vollständig zu überblicken. Aber das muss niemand. Die Vorstellung eines allwissenden Subjekts, das als quasi göttliche Beobachterinstanz alles im Blick hat, wird unter den Bedingungen digitaler Entgrenzung nicht nur obsolet, sondern geradezu absurd. Selbst mit der äußersten *zaniness* ist der Horizont nicht zu erreichen. Auswahl und Geschmacksbildung

sind daher umso wichtiger, will man nicht irgendetwas
rezipieren, lesen, bedenken oder weiterkommunizieren.
Ästhetische Kriterien gewinnen dann eindeutig an Wert.
Dies gilt auch für literarische Texte; die einfache Frage
nach dem Warum von Form und Kommunikationsanlass
kann diesen Weg ebnen.

Die ernsthafte Instapoetry zeigt sich in der Breite
als eine Art Anschlusspoesie, die an aktuelle Diskurse
anknüpft oder auch an deren Hervorbringung aktiv
beteiligt ist. Sie ist Diskurspoesie und stellt Sichtbarkeit für Individuen und ihre Probleme her, die aus der
Latenz an die Öffentlichkeit gehoben werden, sie macht
„Muster" sichtbar, „mit denen man digital sieht, was analog verborgen bleibt" (Nassehi 2019, S. 50). In diesem Fall
unter- oder miss-repräsentierte Themen, mit ihnen verbundene Stimmungen, Konflikte, politische Positionen
und identitäre Selbstbehauptungen, die (vor allem
literarisch) ihren Ort noch nicht gefunden haben bzw.
hatten.

Mit der technischen (über das individuelle Profil)
wie identifikatorischen Beschränkung auf das Ich und
seine individuellen Verantwortungen (Saraswati 2021,
S. 5) ist Instapoetry trotz ihres Bemühens um politisch
relevante Positionen keine explizite politische Lyrik im
emphatischen wie traditionellen Sinne. Sie ist weder
Trägerin einer bestimmten Weltdeutung noch verfolgt sie in der Breite klar identifizierbare Ziele einer
Veränderung oder Neugestaltung sozialer Verhältnisse
und institutioneller Strukturen. Sie ist in ihrer Tendenz
beklagend und anklagend, dass bestimmte Erfahrungen
traurige globale Tatsachen sind, die sich wohl ver-
allgemeinern lassen. Allerdings geht sie nicht so weit,
dass sie eine unterschiedslose Menschheit adressiert,
sondern die nicht so leicht tilgbare Differenz von Opfer
und Täter, von Betroffenen und Treffenden, aufgreift

und festschreibt. Zu diesen Konstellationen können oder sollten sich zwar auch jene verhalten, die sich für unbetroffen oder indifferent halten, zwingend ist der Impetus aber nicht. Auch fehlt der Gemeinschaft jenseits einzelner Repräsentant:innen eine politische Gestalt. Die Gefühlsgemeinschaft ähnelt damit vielen, aber längst nicht allen digitalen Gemeinschaften, die medientheoretisch gesehen als Schwärme begriffen werden können, die „aus vereinzelten Egos" bestehen, sich aber bislang nicht „zu einer *politischen Gestalt*" formiert haben (Han 2013, S. 10). Sichtbar werden diese dadurch, dass sie „bestimmte Muster (*patterns*) generieren, deren sie sich womöglich nicht bewusst sind" (ebd.). In einem solchen Schwarm laufen individuelles, instinktgeleitetes Verhalten und die Begeisterung für eine Sache, als eine Form der Schwärmerei sozusagen, zusammen. Der Schwarm als temporäres Kollektiv besitzt keine feste Struktur und verleiht demnach auch keine stabilen Identitäten, sondern erfordert die ständige Performanz. Nicht zuletzt dadurch ist er eines der Leitbilder einer ‚fluiden' Moderne, eine adäquate Form der Multioptionsgesellschaft, die darauf ausgelegt ist, immer mehrere (und immer mehr) Optionen anzubieten, wodurch sie ihre Komplexität beständig erhöht, denn mit jeder neuen Option wächst die Zahl derer, die sich nicht realisieren lassen. Das Gefühl des FOMO, der Angst etwas zu verpassen (*fear of missing out*), erhöht das Stresslevel und bildet den Grundtenor instagrammatischer Maximalnutzung. Immer mehr Freizeit, die für die Plattform investiert wird, muss mit immer mehr Inhalt gefüllt werden. Andererseits bedeutet mehr Zirkulation von Content und damit von Information auch eine Erhöhung des Umsatzes, zunächst immer der Plattform, dann der Nutzer:innen. Auf diese soziale, mediale wie ökonomische Disposition zu reagieren, ist nur in Teilen politisch in die Anklagen aufgenommen,

die „Instagrief" als Ursache von „compair and despair"
und die Überforderung durch Komplexität ausfindig
gemacht haben. Askesepraktiken wie das sogenannte
‚digitale Fasten' sind Versuche, auf individuelle Weise
mit den Widrigkeiten der dauerhaften Nutzung umzugehen. Der Rückhalt durch die Community, ihre Anteilnahme und ihr Zuspruch fehl(t)en dann allerdings, auch
die Sichtbarkeit für ihre Anliegen, die Stimme im Chor
der Gepeinigten müsste (vorübergehend) verstummen.
Mag auch *digital detox,* die ‚Entgiftung' von Social Media
durch eine zeitlich begrenzte Auszeit, als Strategie diskutiert oder ausprobiert werden; eine langfristige Wirkung
auf die Funktionsweisen der Plattformen und ihre wenig
humanen Nötigungen hat dies allerdings nicht.

Wie politisch mit dieser Lage umgegangen werden
könnte und welcher strukturellen Veränderungen es
bedürfte, hat der Kunstwissenschaftler Wolfgang Ullrich
diskutiert (Ullrich 2020). Die Demokratisierung der
Zugänge zur Produktion und Publikation von Bildern,
die in globale Netzwerke eingebunden sind, steht in
zunehmendem Widerspruch zur Intransparenz der Plattform. Eine Überwindung der Schattenseiten und Folge-
lasten, die als Emanzipation auf Dauer gestellt werden
könnte, ist unter den Bedingungen einer privatwirtschaftlichen Öffentlichkeit, die Regeln und Infrastruktur vor-
gibt, ohne dass es Möglichkeiten des Einspruchs und
der Mitgestaltung gibt, nicht zu erreichen. Die strenge
Output-Legitimation müsste aufgeweicht oder umgekehrt
werden, idealerweise in ein Netz literarischer Commons
überführt und die Macht der Plattform dementsprechend
demokratisiert werden. Ideen und Forderungen, die
großen, extrem einflussreichen Plattformen zu ‚demo-
kratisieren' und unter öffentliche Zuständigkeit zu
bringen, ihre Algorithmisierung transparent zu machen

und zu verändern und damit letztlich auch ihre Macht zu regulieren, wurden wiederholt formuliert.

Die Plattform hat Potentiale freigesetzt, die für gesellschaftliche Kommunikation, für die Steigerung von Resonanz und auch so etwas wie globale Solidarität und Zusammenhalt ungeheuer furchtbar sein könnten. Wenn sie nicht durch die Logik permanenter Evaluation und allseitiger Konkurrenz gleichzeitig hintertrieben würde, könnte Instapoetry Vorzeichen einer demokratischen Literatur sein, sofern die Infrastruktur nachziehen würde. Die digitale Automatisierung mag vom neurotischen „Zwangscharakter" der „Zählsucht" entlasten (Barthes 2015, S. 80–83), von der Herrschaft der Zahl und ihrer Zwänge entlastet sie hingegen nicht, sondern befeuert die quantitative Evaluation von allen möglichen Dingen, die zuvor nicht quantifiziert worden sind. Die permanente, quantifizierende Überwachung entlastet nur von einem Übel, aber sie befreit keineswegs, weil sie neue Übel installiert und perpetuiert. Auch dies ist ein prozessuales Geschehen ewiger Vorläufigkeit, das nie an ein Ende kommt. Darum aber müsste es gehen, sollten die zahlreichen Versehrungen, Sorgen und Lasten tatsächlich gemeinsam verwunden werden können. Georg Lukács hat die These formuliert, dass „jede Form […] die Auflösung einer Grunddissonanz des Daseins" sei (Lukács 1965, S. 59). Auch ohne geschichtsphilosophische Grundierung lässt sich diese vielleicht auf die Instapoetry übertragen. Sie ist nicht die dominante Form unserer Zeit, es gibt unzählige andere, vom tausendseitigen Fantasyroman über Serien, Lyrics und dokumentarisches Theater, die ebenfalls typisch für die 2010er und 2020er Jahre sind – doch die Dissonanz, die in der Instapoetry immer wieder einer „Auflösung" entgegengesandt wird, die wird von den anderen Formen nur bedingt behandelt. Und wenn,

dann weniger schnell, unmittelbar, interaktiv und inter-
konnektiv wie in den freigewählten Communities und
zusammenberechneten Netzwerken. Doch die rund
um den Globus verbreiteten Leiden, die aus Einzel-
perspektiven artikuliert, doch vielfältig miteinander verknüpft und verrechnet, erheben zugleich Anklagen, dass
es so, wie es geworden ist, trotz veränderter Möglichkeiten
der Mitsprache und Aussprache, der Themensetzung und
der Gemeinschaftsbildung, noch nicht bleiben kann.
Am bewussten Umgang mit den systemischen Effekten
wird sich aber zeigen, wie weitreichend die Impulse sein
können, die von dieser kollektiven Text- und Traumatherapie ausgehen. Ob die Community jenseits der
Hashtags Formen politischer Organisierung annimmt,
andere Initiativen einbinden und stärker über die Grenzen
des Mediums hinauswirken kann, wird wiederum auch
darüber mitentscheiden, ob die „*reflexive impotence*" und
die „depressive hedonia" der Phantasmagorienbildung
überwunden werden (Fisher 2009, S. 21), um tatsächliche
Veränderungen, einen „real change" (Miller 2021, S. 179)
provozieren zu können.

Dazwischen schwebt ein Traum der Konvergenz im
Zeichen der Popularität (Penke/Schaffrick 2018, S. 174),
dass Quantität und Qualität zur Deckung kommen. In der
Wahrnehmung einiger ist dies bei der Instapoetry gewiss
nicht der Fall. Für die einen ist es formal uninteressantes
kulturindustrielles Material, für die anderen hingegen
ist eine primär selbstbezügliche Kunst irrelevant, ihnen
geht es um die Bestätigung von Dispositionen und die
Erregung von Effekten. Im Konvergenztraum der großen
Popularität aber werden Kunst und Kommerz ver-
söhnt, so wie in der Instapoetry Trost und Vergnügen
verschränkt werden, etwas, mit dem Menschen gerne
ihre Zeit verbringen, aus dem sie Beistand beziehen,
der ihnen anderswo verwehrt wird, das Widersprüch-

liches zusammenführt und Gemeinschaften entstehen lässt, die es vorher nicht gegeben hat. Es ist wahrscheinlich, dass die „moving landscapes" (Boyd 2014, S. 27) der Plattform(en), unabhängig von jeder möglichen Demokratisierung, in einigen Jahren nicht mehr die gleichen sein werden. Aber auch die Nutzer:innen werden nicht mehr dieselben sein, aus diesen Entwicklungen wird weiterhin Literatur entstehen, die sich im Kettentanz der Agency von dem unterscheiden wird, was wir heute kennen. Klar aber ist auch, dass die Instapoetry wahrscheinlich auch dann keinem solchen ästhetischen Primat folgen wird, wie es insbesondere die Literaturwissenschaft gerne hätte. Der Alptraum einer weitestgehend heteronimisierten Textproduktion bliebe bestehen. Einer Literatur, die vor lauter Pragmata, die auf ihre Entstehung, Verbreitung und Wahrnehmung einwirken, gar nicht mehr weiß, dass sie als Literatur auch ganz anders sein könnte. Die Arbeit an der Form aber geht tagtäglich mit dem Kampf um Inhalte weiter. Und es ist den politischen Anliegen wie der Dichtung zu wünschen, dass sie sich dabei anderen Musen als Algorithmen und Popularitätswerten anvertraut.

Dank

Manche Überlegungen sind in einzelnen Teilen und anderen Kontexten bereits in Vorträgen, Aufsätzen und Workshops erprobt und diskutiert worden. Ich danke daher allen, mit denen ich in den vergangenen Jahren über Instagram und das Phänomen Instapoetry gesprochen, Fragen und Einwände erörtert oder hilfreiche Anregungen bekommen habe. Dies gilt vor allem für Claudia Benthien, Heinz Drügh, Markus Hunold, Maren Lickhardt, Ferdinand Pöhlmann, Carolin Prinz, Matthias Schaffrick, Carla Waldenfels und Niels Werber. Auch den Teilnehmer:innen des Master-Seminars *Medien der Lyrik* (TU Dresden, Wintersemester 2019/2020) und der *Akademie für Lyrikkritik* im *Haus für Poesie* in Berlin (November 2021) sei herzlich gedankt. Mein besonderer Dank geht an Frieda, die den Abschluss dieses Buch in vielfacher Hinsicht unterstützt hat.

N. Penke, *Instapoetry*, Essays zur Gegenwartsästhetik, https://doi.org/10.1007/978-3-662-65546-7

Folgende Aufsätze sind diesem Buch vorausgegangen:

- #instapoetry. Populäre Lyrik und ihre Affordanzen. In: *Zeitschrift für Literaturwissenschaft und Linguistik,* Heft 03/2019 *Medien der Literatur,* S. 451–475.
- Populäre Schreibweisen. Instapoetry und Fan Fiction. In: Hannes Bajohr/Annette Gilbert (Hg.): Digitale Literatur II. Sonderband der Zeitschrift *Text + Kritik*, 2021, S. 91–105.
- Instapoetry. Zur Gefühlsgemeinschaft einer digitalen Popkultur. In: *Schriftenreihe der Jungen Akademie der Wissenschaften und der Literatur Mainz,* Band 02/2021, S. 58–72.
- Form und Formular. Über eine Differenz der Formularisierung lyrischer Texte am Beispiel der Instapoetry. In: Peter Plener/ Niels Werber/Burkhardt Wolf (Hg.): Das Formular. Stuttgart: Metzler 2022, S. 293–305.
- Akzeleration und Experiment. Über Variation und Wiederholung in der Instapoetry. In: Elias Kreuzmair/Magdalena Pflock/Eckard Schumacher (Hg.): Feeds, Tweets & Timelines. Schreibweisen der Gegenwart in Sozialen Medien. Bielefeld: Transcript 2022, S. 77–92

Abbildungsnachweise

© Der/die Herausgeber bzw. der/die Autor(en), exklusiv lizenziert
an Springer-Verlag GmbH, DE, ein Teil von Springer Nature 2022
N. Penke, *Instapoetry*, Essays zur Gegenwartsästhetik,
https://doi.org/10.1007/978-3-662-65546-7

Literatur

Alafiya: Review zu Milk & Honey, 2017, https://www.goodreads.com/book/show/23513349-milk-and-honey (20.06.2022).

Atkinson, Brittany: Why Do Instapoets Succeed? How Instagram has created a blossoming writing community, 29.08.2020, https://medium.com/@thriftedpoet/why-do-instapoets-succeed-aa732a1f84fe (20.06.2022).

Bajohr, Hannes: Infradünne Plattformen. Print-on-Demand als Strategie und Genre. In: Merkur 70, Nr. 1 (2016), 79–87.

Barthes, Roland: Die helle Kammer. Bemerkungen zur Photographie. Übersetzt von Dietrich Leube. Frankfurt am Main [17]2019 (franz. 1980).

Barthes, Roland: S/Z. Frankfurt am Main 1976 (franz. 1970).

Barthes, Roland: Sade – Fourier – Loyola. Frankfurt am Main [3]2015 (franz. 1971).

Baßler, Moritz: Leitkultur Pop? Populäre Kultur als Kultur der Rückkopplung. In: Kulturpolitische Mitteilungen 148, Nr. 1 (2015), 34–39.

Baßler, Moritz: Der Neue Midcult. Vom Wandel populärer Leseschaften als Herausforderung der Kritik. In: pop-zeitschrift.de, 28.06.2021, https://pop-zeitschrift. de/2021/06/28/der-neue-midcultautorvon-moritz-bassler-autordatum28-6-2021-datum/ (20.06.2022).

Baßler, Moritz/Drügh, Heinz: Gegenwartsästhetik. Konstanz 2021.

Bauer, Thomas: Die Vereindeutigung der Welt. Über den Verlust an Mehrdeutigkeit und Vielfalt. Ditzingen 2018.

bell hooks: All About Love. New York 2018.

Bieling, Simon: Konsum zeigen. Die neue Öffentlichkeit von Konsumprodukten auf Flickr, Instagram und Tumblr. Bielefeld 2018.

Böhme, Gernot: Ästhetischer Kapitalismus. Berlin 2016.

Boyd, Danah: It's complicated. The social lives of networked teens. New Haven 2014.

Bresge, Adina: Verse goes viral. Instagram poets shake-up the literary establishment. In: National Post, 06.06.2018, https://nationalpost.com/pmn/entertainment-pmn/books-entertainment-pmn/verse-goes-viral-instagram-poets-shake-up-the-literary-establishment, (20.06.2022).

Cotte, Selena: "#does this count as poetry?" A genre analysis of Tumblr poetry. College of Communication Master of Arts Theses 33. 2020, https://via.library.depaul.edu/cmnt/33 (20.06.2022).

Culler, Jonathan: Theory of the lyrics. Cambridge/Mass., London 2015.

Curwood, Jen Scott/Kovalik, Kate: #poetryisnotdead. Understanding Instagram poetry within a transliteracies framework. In: Literacy 53 (2019), 185–195.

Diederichsen, Diedrich: Über Pop-Musik. Köln 2014.

Diederichsen, Diedrich: Der lange Weg nach Mitte. Der Sound und die Stadt. Köln 1999.

Döring, Jörg/Werber, Niels/Albrecht-Birkner, Veronika/Gerlitz, Carolin/Hecken, Thomas/Paßmann, Johannes/Schäfer, Jörgen/Schubert, Cornelius/Stein, Daniel/Venus, Jochen: Was bei vielen Beachtung findet: Zu den Transformationen des Populären. In: Kulturwissenschaftliche Zeitschrift Nr. 2 (2021), 1–24.

Eco, Umberto: Apokalyptiker und Integrierte. Zur kritischen Kritik der Massenkultur. Aus dem Italienischen von Max Looser. Frankfurt am Main 1994 (ital. 1965).

Egan, Elisabeth: Inside the Best-Seller List. The Best Seller List Has a Century Club with Limited Membership. In: New York Times, 30.12.2021, https://www.nytimes.com/2021/12/30/books/review/the-best-seller-list-has-a-century-club-with-limited-membership.html (20.06.2022).

Engelmeier, Hanna: Trost. Vier Übungen. Berlin 2021.

Esposito, Roberto: Communitas. Ursprung und Wege der Gemeinschaft. Aus dem Italienischen von Sabine Schulz und Francesca Raimondi. Berlin 2004.

Fisher, Mark: Capitalist realism. Is there no alternative? Winchester/UK 2009.

Fricke, Harald/Stocker, Peter: Lyrik. In: Reallexikon der deutschen Literaturwissenschaft. Bd. 2. Hg. Harald Fricke. Berlin/New York 2000, S. 498–502.

Frier, Sarah: No Filter. The Inside Story of how Instagram Transformed Business, Celebrity and our Culture. London 2020.

Gallon, Laura: '[Insta]Poetry is not a luxury'. On the Urgency of Archiving the Diverse Voices of Social Media. In: ArchiVoz, 06.03.2019, https://www.archivozmagazine.org/en/instapoetry-is-not-a-luxury-on-the-urgency-of-archiving-the-diverse-voices-of-social-media (20.06.2022).

Gamper, Michael/Mayer, Ruth: Erzählen, Wissen und kleine Formen. Eine Einleitung. In: Dies. (Hg.): Kurz & Knapp. Zur Mediengeschichte kleiner Formen vom 17. Jahrhundert bis zur Gegenwart. Bielefeld 2017, S. 7–22.

Gillespie, Tarleton: #trendingistrending. Wenn Algorithmen zu Kultur werden (Übersetzt von Moritz Plewa). In: Seyfert, Robert/Roberge, Jonathan (Hg.): Algorithmuskulturen. Über die rechnerische Konstruktion der Wirklichkeit. Bielefeld 2017, S. 75–106.

Glanz, Berit: Rhetorik des Hashtags. In: pop-zeitschrift.de, 18.09.2018, http://www.pop-zeitschrift.de/2018/09/18/social-media-september-von-berit-glanz (20.06.2022).

Goldsmith, Kenneth: Uncreative Writing. Managing Language in the Digital Age. New York 2011.

Granovetter, Mark: The Strength of Weak Ties. In: American Journal of Sociology 78/6 (1973), 1360–1380.

Green, Timothy: Instapoetry isn't poetry, but it's booming business. In: The Press-Enterprise, 24.08.2019, https://www.pe.com/2019/08/24/instapoetry-isnt-poetry-but-its-booming-business/ (20.06.2022).

Greenblatt, Stephen: Shakespearean negotiations. The circulation of social energy in Renaissance England. Oxford 1988.

Habermas, Jürgen: Hypothesen zu erneutem Strukturwandel der Öffentlichkeit. In: Leviathan Sonderband 37 (2021), 470–500.

Han, Byung-Chul: Digitale Rationalität und das Ende des kommunikativen Handelns. Berlin 2013.

Harari, Yuval Noah: Scholars, Eyewitnesses, and Flesh-Witnesses. In: Partial Answers. Journal of Literature and the History of Ideas, 7/2 (2009), 213–228.

Hecken, Thomas: Pop. Aktuelle Definitionen und Sprachgebrauch-. In: pop-zeitschrift.de, 08.09.2012, https://pop-zeitschrift.de/2012/09/09/pop-aktuelle-definitionen-und-sprachgebrauchvon-thomas-hecken/ (20.06.2022).

Henderson, Melissa: The Best Poems From Instagram's Favorite Nayyirah Waheed. In: Jet Magazine, 22.03.2017, https://www.jetmag.com/life/best-poems-instagrams-favorite-nayyirah-waheed/ (20.06.2022).

Hodgkinson, Thomas: 'Instapoetry' may be popular, but most of it is terrible. In: The Spectator, 23.11.2019, https://www.spectator.co.uk/article/-instapoetry-may-be-popular-but-most-of-it-is-terrible (20.06.2022).

Hölter, Achim: Kontexte der Lyrik. In: Dieter Lamping (Hg.): Handbuch Lyrik. Theorie, Analyse, Geschichte. Stuttgart/Weimar [2]2016, S. 103–110.

Hutchison, Emma: Affective Communities and World Politics. 08.03.2018, https://www.e-ir.info/2018/03/08/affective-communities-and-world-politics/ (20.06.2022).

Illouz, Eva: Einleitung. Gefühle als Waren. In: Dies. (Hg.): Wa(h)re Gefühle. Authentizität im Konsumkapitalismus. Berlin 2018, S. 13-51.

Jäger, Maren: Die Kürzemaxime im 21. Jahrhundert vor dem Hintergrund der brevitas-Diskussion in der Antike. In: Öhlschläger, Claudia/Autsch, Sabine (Hg.): Kulturen des Kleinen. Mikroformate in Literatur, Medien und Kunst. Paderborn 2014, S. 21–40.

Kaerlein, Timo: Smartphones als digitale Nahkörpertechnologien. Zur Kybernetisierung des Alltags. Bielefeld 2018.

Koschorke, Albrecht: Wahrheit und Erfindung. Grundzüge einer Allgemeinen Erzähltheorie. Frankfurt am Main 2012.

Lerner, Ben: The hatred of poetry. New York 2016.

Leszkiewicz, Anna: Why are we so worried about "Instapoetry"? In: The New Statesman, 06.03.2019, https://www.newstatesman.com/culture/2019/03/why-are-we-so-worried-about-instapoetry (20.06.2022).

Luhmann, Niklas: Die Gesellschaft der Gesellschaft. Frankfurt am Main 1997.

Lukács, Georg: Die Theorie des Romans. Ein geschichtsphilosophischer Versuch über die Formen der großen Epik [1914/15]. Neuwied, Berlin 1965.

Manovich, Lev: Instagram and Contemporary Image. Online, 2017, http://manovich.net/index.php/projects/instagram-and-contemporary-image (20.06.2022).

McElwee, Molly: Instapoetry – The age of scrolling literature. In: The Gibralter Magazine, 01.10.2017, https://thegibraltarmagazine.com/instapoetry-age-scrolling-literature (20.06.2022).

Miller, Alyson: A Digital Revolution? Insiders, Outsiders, and the "Disruptive Potential" of Instapoetry. In: Arcadia 56/2 (2021), 161–182.

Naji, Jeneen: Digital Poetry. Cham 2021.

Nassehi, Armin: Muster. Theorie der digitalen Gesellschaft. München 2019.

Natividad, Angela: Is Instagram poetry "real" poetry?, 27.01.2019, https://www.wheninmanila.com/is-instagram-poetry-real-poetry/ (20.06.2022).

Ngai, Sianne: Our Aesthetic Categories. Zany, Cute, Interesting. Cambridge/Mass. 2012.

Nymoen, Ole/Schmitt, Wolfgang M.: Influencer. Die Ideologie der Werbekörper. Berlin 2021.

Pâquet, Lili: Selfie-Help: The Multimodal Appeal of Instagram Poetry. In: The Journal of Popular Culture. 52/2 (2019), 296–314.

Paßmann, Johannes: Mediengeschichte des Followers. Preprint, 2020, https://www.researchgate.net/publication/346080763_Mediengeschichte_des_Followers (20.06.2022).

Penke, Niels/Schaffrick, Matthias: Populäre Kulturen zur Einführung. Hamburg 2018.

Penke, Niels: #instapoetry. Populäre Lyrik und ihre Affordanzen. In: Zeitschrift für Literaturwissenschaft und Linguistik, Heft 03/2019 Medien der Literatur, 451–475.

Pickering, Andrew: The Mangle of Practice. Time, Agency, and Science. Chicago 1995.

Porombka, Stephan: Auf der Suche nach neuen Bewegungsfiguren. Über das Lesen im Netz. In: Martus, Steffen/Spoerhase, Carlos (Hg.): Gelesene Literatur. Populäre Lektüre im Zeichen des Medienwandels (= *Text + Kritik*-Sonderband). München 2018, S. 137–148.

Ramirez, Kaelani: Are Instapoets Destroying the Art of Poetry? In: Arizona State University, 19.02.2020, https://studybreaks.com/culture/reads/instapoetry-destroying-art-poetry (20.06.2022).

Rauscher, Jürgen: Ein Bild von einem Gedicht. In: Frankfurter Allgemeine Zeitung, 06.08.2020.

Reichert, Ramón: Digitale Selbstvermessung. Verdatung und soziale Kontrolle. In: Zeitschrift für Medienwissenschaft 13/2 (2015), 66–77.

Roy, Nilanjana: Voices of the new 'Instagram poets'. In: Financial Times, 23.02.2018, https://www.ft.com/content/34433034-1651-11e8-9e9c-25c814761640 (20.06.2022).

Sanyal, Mithu: Identitti. München 2021.

Saraswati, L. Ayu: Pain Generation. Social Media, Feminist Activism, and the Neoliberal Selfie. New York 2021.

Sargnagel, Stefanie: Statusmeldungen. Reinbek bei Hamburg 2017.

Saul, Heather: Menstruation-themed photo series artist ›censored by Instagram‹ says images are to demystify taboos around periods. In: Independent, 30.03.2015, https://www.independent.co.uk/arts-entertainment/art/menstruation-themed-photo-series-artist-censored-by-instagram-says-imagesare-to-demystify-taboos-10144331.html (20.06.2022).

Schiller, Friedrich: Über Bürgers Gedichte [1791]. In: Ders: Sämtliche Werke, Bd. V: Erzählungen – Theoretische Schriften. Wolfgang Riedel. München 2004, S. 970–985.

Schneider, Ute: Bücher zeigen und Leseatmosphären inszenieren – vom Habitus enthusiastischer Leserinnen und Leser. In: Martus, Steffen/Spoerhase, Carlos (Hg.): Gelesene Literatur. Populäre Lektüre im Zeichen des Medienwandels (= Text + Kritik-Sonderband). München 2018, S. 113–123.

Schulze, Holger: Ubiquitäre Literatur. Eine Partikelpoetik. Berlin 2020.

Shifman, Limor: Meme. Kunst, Kultur und Politik im digitalen Zeitalter. Berlin 2014.

Simanowski, Roberto: Literatur, Bildende Kunst, Event? Grenzphänomene in den neuen Medien. In: Winko, Simone/Jannidis, Fotis/Lauer, Gerhard (Hg.): Grenzen der Literatur. Zum Begriff und Phänomen des Literarischen. Berlin 2009, S. 621–638.

Staab, Philipp: Digitaler Kapitalismus. Markt und Herrschaft in der Ökonomie der Unknappheit. Frankfurt am Main 2019.

Stalder, Felix: Kultur der Digitalität. Berlin [5]2021.

Stokowski, Margarete: Emanzen, die nackt tanzen (ursprünglich in: taz, 06.11.2014), in: Dies.: Die letzten Tage des Patriarchats. Reinbek bei Hamburg [6]2019, S. 136–137.

Thomas: Review zu Milk & Honey, 2015, https://www.
goodreads.com/book/show/23513349-milk-and-honey
(20.06.2022).

Tolle, Eckhart: The Power of Now. A Guide to Spiritual
Enlightenment. Ebook. Novato 2010.

Ullrich, Wolfgang: Selfies. Die Rückkehr des öffentlichen
Lebens. In: Kohout, Annekathrin/Ders. (Hg.): Digitale Bild-
kulturen. Bonn 2021, S. 12–82.

Ullrich, Wolfgang: Bitte mal auffallen. In: DIE ZEIT 41/2020,
https://www.zeit.de/2020/41/instagram-soziale-netzwerke-
fotografie-kultur-gesellschaft (20.06.2022).

Ullrich, Wolfgang: Gegen den Kanon. Neue Kunstgeschichte
oder nach der Kunstgeschichte? In: pop-zeitschrift.de,
15.01.2019, https://pop-zeitschrift.de/2019/01/15/gegen-
den-kanonvon-wolfgang-ullrich15-01-2019/ (20.06.2022).

Vadde, Aarthi: Amateur Creativity. Contemporary Literature
and the Digital Publishing Scene. In: New Literary History,
48/1 (2017), 27–51.

Venus, Jochen: Die Erfahrung des Populären. Perspektiven einer
kritischen Phänomenologie. In: Kleiner, Marcus S./Wilke,
Thomas (Hg.): Performativität und Medialität Populärer
Kulturen. Theorien, Ästhetiken, Praktiken. Wiesbaden 2013,
S. 49–73.

Vogl, Joseph: Das Gespenst des Kapitals. Zürich 2010.

Vogl, Joseph: Kapital und Ressentiment. Eine kurze Theorie der
Gegenwart. München 2021.

Vuille, Rosine Alice: A posthumous glory. Jaun Elia and the
unconventional in modern Urdu poetry. SNF Projekt 2020–
2021, https://p3.snf.ch/Project-191436 (20.06.2022).

Wilson, Carl: The Poetry of Instagram. In: BBC Radio 4, 2018,
https://www.bbc.co.uk/programmes/b09tcb4w (20.06.2022).

Winko, Simone: Literatur und Literaturwissenschaft im
digitalen Zeitalter. In: Der Deutschunterricht 5 (2016),
1–13.

Zuckerberg, Mark: Building Global Community, 2017 ff.
https://www.facebook.com/notes/3707971095882612/
(20.06.2022).